中国高端装备制造业

效率与影响因素

技术创新

王成东 徐晓微 ◎ 著

中国财经出版传媒集团

经济科学出版社

Economic Science Press

图书在版编目（CIP）数据

中国高端装备制造业技术创新：效率与影响因素/
王成东，徐晓微著 . -- 北京：经济科学出版社，2023.2
ISBN 978 - 7 - 5218 - 4594 - 5

Ⅰ.①中… Ⅱ.①王…②徐… Ⅲ.①装备制造业 -
技术革新 - 研究 - 中国 Ⅳ.①F426.4

中国国家版本馆 CIP 数据核字（2023）第 040673 号

责任编辑：崔新艳 梁含依
责任校对：徐 昕
责任印制：范 艳

中国高端装备制造业技术创新：效率与影响因素

王成东 徐晓微 著

经济科学出版社出版、发行 新华书店经销
社址：北京市海淀区阜成路甲 28 号 邮编：100142
经管中心电话：010 - 88191335 发行部电话：010 - 88191522
网址：www.esp.com.cn
电子邮箱：expcxy@126.com
天猫网店：经济科学出版社旗舰店
网址：http://jjkxcbs.tmall.com
北京季蜂印刷有限公司印装
710 × 1000 16 开 12.75 印张 220000 字
2023 年 5 月第 1 版 2023 年 5 月第 1 次印刷
ISBN 978 - 7 - 5218 - 4594 - 5 定价：60.00 元
（图书出现印装问题，本社负责调换。电话：010 - 88191545）
（版权所有 侵权必究 打击盗版 举报热线：010 - 88191661
QQ：2242791300 营销中心电话：010 - 88191537
电子邮箱：dbts@esp.com.cn）

本书是国家社会科学基金一般项目（22BJL117）和教育部人文社会科学研究规划基金项目（22YJA630084）的阶段性研究成果。

前　言

　　中国高端装备制造业的发展质量直接关系到国民经济体系的发展水平和国家战略竞争力的提升。党中央与国务院对高端装备制造业的发展高度重视，制定了与时俱进的产业发展战略规划。《中国制造2025》和党的十九大均将高端装备制造业列为我国重点发展的战略产业。而"创新驱动发展"等国家战略的确立，则为中国高端装备制造业指明了产业创新的发展方向。然而，从中国高端装备制造业的创新实践来看，尚存在产业创新体系大而不强、创新资源错配、创新能力不足等发展桎梏。特别是在中国技术创新能力不断提升及美国等发达国家对我国技术打压的时代背景下，加强自主技术创新建设已经成为中国经济社会发展的必然选择。

　　党的十九大以来，中国高端装备制造业不断拓宽中国特色社会主义自主技术创新道路，通过技术创新深化产业结构改革，落实创新驱动发展战略，不仅提升了中国高端装备制造业全行业的国际竞争力，而且保障了中国经济的高质量发展。中国高端装备制造业技术创新集中体现在其行业内生技术的积累，并逐步实现了地区和国家层面的自主技术突破及商品化。中国高端装备制造业在技术创新领域已经迈出关键一步，并取得了大量的技术创新成果。然而，虽然中国高端装备制造业体量继续保持全球领先，但其在底层基础技术创新能力方面与发达国家尚存在较大差距，中国高端装备制造业整体技术创新水平仍然相对较低。中国高端装备制造业相关技术创新成果是大量创新资源投入堆积而成，还是得益于其技术创新体系的整体性改善，即当前中国高端装备制造业能否进行持续而稳定的高效率技术创新已成为一个极具现实意义和理论价值的研究问题。

本书基于"创新驱动发展"和"振兴高端装备制造业"两大国家战略的交叉视域，对中国高端装备制造业技术创新效率及其影响因素展开系统研究。首先，基于统计性分析揭示中国高端装备制造业细分行业及区域高端装备制造业的发展现状，并对中国高端装备制造业各细分行业以及不同区域高端装备制造业的技术创新现状进行深入分析，揭示产业技术创新资源投入与成果产出的特征与规律。其次，对中国高端装备制造业各细分行业以及不同区域高端装备制造业的技术创新效率进行定量测度研究，揭示中国高端装备制造业技术创新效率的动态演进规律与静态分布特征。再次，在对中国高端装备制造业技术创新效率进行测度的基础上，分别从经济因素、人力资源因素、技术因素和环境因素四方面对高端装备制造业技术创新效率的影响因素进行评价，揭示各影响因素对中国高端装备制造业技术创新效率的影响强度及影响方向。最后，基于中国高端装备制造业技术创新效率的特征与规律，结合各影响因素的评价结果，提出提高产业技术创新效率的策略体系。

本书是国家社会科学基金一般项目（22BJL117）和教育部人文社会科学研究规划基金项目（22YJA630084）的阶段性研究成果。本书对丰富产业技术创新理论体系，特别是完善产业技术创新效率相关研究成果，进而在创新资源约束背景下增加产业技术创新产出、提高产业技术创新水平、增强中国高端装备制造业的技术能力及其国际竞争力方面具有一定理论价值和现实意义。

王成东

2022 年 12 月 1 日

目　录

第一篇　基　础　篇

第二篇　技术创新效率篇

第三篇　技术创新影响因素篇

第四篇　技术创新保障策略篇

第一篇 基础篇

第一章

引　言

第一节　研究的背景

中国高端装备制造业的发展质量直接关系到国民经济体系的发展水平和国家战略竞争力的提升。党中央与国务院对高端装备制造业的发展高度重视，制定了与时俱进的产业发展战略规划。《中国制造2025》和党的十九大均将高端装备制造业列为我国重点发展的战略产业。而"创新驱动发展"等国家战略的确立，则为中国高端装备制造业指明了产业创新的发展方向。然而，从中国高端装备制造业的创新实践来看，尚存在产业创新体系大而不强、创新资源错配、创新能力不足等发展桎梏。特别是在中国技术创新能力不断提升及美国等发达国家对我国技术打压的时代背景下，加强自主技术创新建设已经成为中国经济社会发展的必然选择。

党的十九大以来，中国高端装备制造业不断拓宽中国特色社会主义自主技术创新道路，通过技术创新深化产业结构改革，落实创新驱动发展战略，不仅提升了中国高端装备制造业全行业的国际竞争力，而且保障了中国经济的高质量发展。中国高端装备制造业技术创新集中体现在其行业内生技术的积累，并逐步实现了地区和国家层面的自主技术突破及其商品化。如中国高铁通过"战略布局—正向设计—自主知识产权创新及标准体系建设"的自主创新模式，实现了高铁发展的弯道超车，引领全球高铁行业发展。华为也通过类似的战略布局，以在电子高端装备制造业多年的积累，突破发达国家的技术封锁，甚至反制发达国家。可见，中国高端装备制造业在技术创新领域已经迈出关键一步，并取得了大量的技术创新成果。然而，虽然中国高端装备制造业体量继续保持全球领先，但其在底层基础技术创新能力方面与发达国家尚存在较大差距，中国高端装备制造业整体技术创新水平仍然相对较低。

综上所述，中国高端装备制造业在国民经济体系中的战略地位赋予了其服务国家战略的历史责任，"创新驱动发展战略"为高端装备制造业指明了创新发展的方向，虽然中国高端装备制造业在技术创新领域已取得了较为可观的成果，但是中国高端装备制造业相关技术创新成果的取得是由大量创新资源投入简单堆积而成，还是得益于其技术创新体系的整体性改善，即当前中国高端装备制造业技术创新的发展现状以及能否进行持续而稳定的高效率技术创新已成为一个极具现实意义和理论价值的研究问题。

第二节　研究目的与意义

一、研究目的

本书以中国高端装备制造业为研究对象，针对其技术创新效率以及影响因素展开一系列研究，主要研究目的如下。

（1）在相关统计年鉴数据的基础上，揭示中国高端装备制造业细分行业以及区域高端装备制造业的发展现状，进一步对中国高端装备制造业细分行业以及区域高端装备制造业的技术创新资源投入现状展开深入分析。

（2）对中国高端装备制造业细分行业以及区域高端装备制造业的技术创新效率进行测度，并揭示中国高端装备制造业技术创新效率的发展规律。

（3）在中国高端装备制造业技术创新效率测度的基础上，分别从经济因素、人力资源因素、技术因素和环境因素四方面对高端装备制造业技术创新效率的影响因素进行实证分析，进一步揭示各影响因素对中国高端装备制造业技术创新效率的影响强度及影响方向。

（4）针对中国高端装备制造业技术创新效率的发展，提出效率提升的策略，在一定程度上为中国高端装备制造业技术创新的高效率发展提供理论支撑与策略支持。

二、研究意义

（一）理论意义

纵观当前学术界关于技术创新的研究成果，发现其重点侧重于技术创新的动因、影响因素、路径等方面的研究，且关于技术创新的研究主要针对制造业、高技术产业等对象展开，鲜有学者就中国高端装备制造业技术创新效率进行深入研究。本书通过对中国高端装备制造业技术创新效率和影响因素展开系统研究，是对技术创新理论的拓展与具体应用，分析不同影响因素对于中国高端装备制造业技术创新效率的影响作用，这对中国高端装备制造业技术创新的相关研究有一定的理论借鉴意义。

（二）现实意义

目前国内大部分高端装备制造业企业面对市场压力以及严峻的国际竞争形势，相继从微笑曲线低端向价值链上游拓展，构建自身竞争优势。而当今竞争日益激烈，价值链的高端已经被大型跨国公司所控制，为了摆脱发达国家的打压和封锁，产业转型是中国高端装备制造业的必经之路，而技术创新无疑是中国高端装备制造业企业进行高端转型的一条出路。通过对中国高端装备制造业技术创新效率和影响因素的研究，可以厘清进行技术创新受哪些因素影响，有利于企业技术创新效率的提高，为决策层制定推进中国高端装备制造业企业创新发展的政策方针提供借鉴。

第三节　国内外研究综述

一、高端装备制造业发展研究现状

高端装备制造业作为装备制造业的核心部分，在国民经济稳定快速发展中扮演着"工作母机"的重要角色，因此高端装备制造业的发展是社会乃至国家关注的焦点；国内外学者对高端装备制造业开展了大量整体性研究，本书将从以下四方面对国内外研究成果进行系统梳理。

（一）高端装备制造业定义及分类

范德成和杜明月（2018）认为高端装备制造业是指生产高技术、高附加值的先进工业设施设备的行业，并将高端装备制造业分为通用设备制造业、专用设备制造业、电气器械及器材制造业、仪器仪表及文化办公机械制造业、交通运输设备制造业、航空航天设备制造业和医疗设备及仪器制造业七大子行业；齐兰和王姗（2018）将高端装备制造业分为智能测控装备制造业、轨道交通装备制造业、海洋工程装备与船舶制造业、航空与卫星装备制造业四个子行业；李士梅和李安（2018）将高端装备制造业划分为航空装备业、卫星制造业与应用业、轨道交通设备制造业、海洋工程装备制造业和智能制造装备业五大行业；唐铁球（2015）认为高端装备制造业包括传统制造业和新兴制造业的高端部分，对资金、技术、人才、市场等方面有特殊的需求，具有技术含量高、价值链高端、产业链核心的特点。

（二）高端装备制造业战略地位研究

林迎星等（2019）认为高端装备制造业是指为满足国民经济各部门发展和国家安全需要而制造各种高端技术装备的产业总称；陈艺灵等（2021）进一步指出高端装备制造业是我国七大战略新兴产业之一，其处于价值链高端，是产业链的核心环节；周正等（2021）指出高端装备制造业发展对中国区域经济增长可发挥较强的推动作用；刘兰剑等（2020）同样认为加快高端装备制造业提质发展是增强我国产业核心竞争力的关键，对我国产业转型升级、由制造大国向强国转变具有重要战略意义。

（三）高端装备制造业产业升级研究

许紫烟、冯晓旭和夏杰昌（Ziyan Xu, Xiaoxu Feng and Jiechang Xia, 2021）指出在"两产业融合"的发展趋势下，高端装备制造业与现代服务业在创新、投入、产出、需求、区域等方面的融合发展出现新的模式，以期实现高端装备制造业转型升级；戴克清等（2020）研究表明高端装备制造业企业可以通过降低成本、提升企业成长性价值创造能力实现共享式服务创新，完成企业的转型升级；徐晓飞、崔艳娟和蒋月珠（Xiaofei Xu, Yanjuan Cui and Yuezhu Jiang, 2020）认为高端装备制造业企业通过构建和完善有效模型，对我国高端装备制造业的发展进行预测和指导，助力产业升级；王颖、王兆旭和扎米尔（Ying Wang，Zhaoxu Wang and Zameer，2021）指出高端装备制造业通过积极嵌入区域价值链向低碳经济发展，实现绿色转型升级；夏友富等（2018）认为中国高端装备制造业可以合理选择"自助式""集群式""包围式""渐进式"的产业升级路径，发挥比较优势，迈向全球价值链中高端；郑智昊（2019）研究表明以组织结构、市场竞争为主的因素会对我国高端装备制造业国际竞争力的提升产生不同程度的影响，并提出开发新市场和改善产品出口结构等增强国际竞争力的意见。

（四）高端装备制造业发展桎梏研究

宋皓皓等（2021）认为近年来中国高端装备制造业整体水平在不断提高，但仍面临"大而不强"的发展困境；王倩、王建旭和李华等（Qian Wang，Jianxu Wang and Hua Li，et al.，2021）指出高端装备制造业的融资效率较低，导致高端装备制造业难以在短时间内获得研发支持；范德成等（2018）研究指出高端装备制造业技术研发阶段效率偏低制约了整体效率的优化，使我国高端装备制造业的创新资源配置偏离最优；戚湧等（2021）认为技术创新不足导致我国高端装备制造业在全球产业链领域缺乏主导权，对供应链高端环节缺乏控制力；王厚双等（2020）指出我国高端装备制造业在全球产业链中处于劣势地位，进而造成高端装备制造业产品在国际市场竞争力不足的局面；也有学者研究表明我国高端装备制造业处于价值链中低端，随着全球价值链的逐步深入，我国高端装备制造业的物质和经济低端锁定逐渐加深。

二、技术创新研究现状

国内外学者对技术创新展开了大量系统性研究，其研究成果主要集中于技术创新绩效与效应、技术创新影响因素、技术创新机制与路径、技术创新效率等方面。

（一）技术创新绩效与效应

在企业层面，陈丽姗等（2019）研究指出技术创新可以有效提高企业的发展质量；王欢和孙建华（Huan Wang and Jianhua Sun，2017）研究表明企业通过技术创新可以改善经营绩效；朱迪思和玛丽亚（Judith and Maria，2020）

研究指出有效的技术创新可以增强企业员工的工作幸福感；弗朗西斯、安邦和戴安娜等（Francis，Ampong and Diana，et al.，2020）认为技术创新可以构建企业的核心竞争力，提高企业的国际竞争力。在产业层面，杨祎等（2020）研究表明技术创新可提升产业的国际竞争优势；杨水利等（2019）发现技术创新在改善产业参与全球价值链分工地位方面具有显著正向价值。在宏观层面，相关研究表明技术创新可以在减少碳排放、减少环境污染、改善能源消耗结构、提高环境可持续性、实现经济绿色增长等方面体现出显著的正向效应。有效的技术创新甚至可以影响国家的生态足迹，并在构建超级智能社会等方面产生正向效应。

（二）技术创新影响因素

在技术创新影响因素方面，国内外学者的研究成果主要集中于人力资源因素、资金因素、信息因素、政策因素、管理和治理因素等方面。如人力资源因素方面，孙红军等（2019）研究指出科技人才集聚对技术创新具有显著的空间溢出效应；叶一娇等（2020）认为企业柔性人力资源管理有利于促进组织的技术创新；谢雪燕等（2020）研究发现人口老龄化的正向创新效应并没有显著抑制经济增长。资金因素方面，相关研究表明政府投资与补贴、风险投资支持、企业对外投资和金融投资、税收等因素均会显著影响技术创新。信息因素方面，卡法罗、克雷马斯科和罗卡托等（Caffaro，Cremasco and Roccato，et al.，2020）认为信息源与信息感知因素会显著影响技术创新；张玉明等（2021）证实技术创新受信息传播因素的显著影响；唐松等（2020）研究表明数字化发展与技术创新呈正相关关系。政策因素方面，技术创新激励政策、环境规制政策和金融政策是相关领域的研究热点。特别是在绿色技术创新方面，以低碳城市试点政策和环保政策为代表的政策因素被广泛研究。此外相关研究还表明经济政策不确定性因素等政策因素对技术创新也具有显著的多维影响。管理和治理因素方面，相关研究表明从宏观层面的国家治理因素和市场规制，到产业层面的产学研协同发展和产业结构等因素，再到企业层面的跨国并购、非正式控制等因素，均可对技术创新产生深刻影响。除上述因素之外，部分学者还对营销因素、所有制形式、企业管理文化和偶发性事件等因素对技术创新的影响进行了研究，揭示了这些因素对技术创新的影响规律。

（三）技术创新机制与路径

在技术创新机制与路径方面，席尔瓦、朱莉安娜和西蒙娜（Silva，Juliana and Simona，2020）揭示了技术创新系统的阻塞机制；刘海兵等（2020）采用纵向探索性案例研究方法，揭示了后发企业技术创新能力路径演化规律；朱承亮等（2018）以专利密集型产业为例，提出单边突破式、循序渐进式及刺激跳跃式三条绿色技术创新路径；杨朝均等（2020）揭示了工业企业绿色技术创新路径的演化规律；洪光磊（Guanglei Hong，2012）基于知识创新视角，揭示了技术创新的中介机制；沈鹤等（2018）揭示了获得式学习对技术创新引进的影响机制；贾旭东等（2018）基于扎根理论确定了管理技术创新的国际化路径；何伟怡等（2019）探索了具有项目公民行为属性的被动合作技术创新意愿的产生机制。

（四）技术创新效率

在产业技术创新效率领域，特定产业技术创新效率的测度与技术创新效率的影响因素是当前国内外学者关注的焦点。如在特定产业技术创新效率的测度方面，李作志和苏敬勤等（2019）对高技术产业技术创新效率进行了测度研究；李宏宽等（2020）研究了集成电路产业链各环节的技术创新效率；有研究者则利用数据包络分析方法（Data Envelopment Analysis，DEA）对我国制造业技术创新效率进行测度，指出中国制造业技术创新效率整体偏低（Wang，Pan and Pei，et al.，2020）；而在技术创新效率影响因素方面，相关学者的研究表明产业集聚、空间邻近和交通状况、劳动力素质和企业规模，乃至校企协同和股权激励中的契约要素等因素均会对产业技术创新效率产生显著影响。

三、高端装备制造业创新研究现状

关于高端装备制造业创新的研究，国内外学者的研究成果主要集中于高端装备制造业创新影响因素及高端装备制造业创新效率两方面。

（一）高端装备制造业创新影响因素

在高端装备制造业创新影响因素方面，国内外学者从多个维度对高端装备制造业创新影响因素展开了系统研究，其成果主要集中于技术因素、政策因素、资源因素、管理因素等方面。如技术因素方面，相关研究表明技术能力建设有利于高端装备制造业整体创新水平的提升，而注重技术吸收转化将增强高端装备制造业的自主创新能力。政策因素方面，相关研究表明创新激励政策、环境规制政策等均能有效影响高端装备制造业创新产出。资源因素方面，相关研究表明社会资本、高技术人才等均能显著影响高端装备制造业创新发展。管理因素方面，企业管理制度、企业管理文化等均被证实对高端装备制造业创新发展具有深刻影响。除上述因素之外，部分学者还研究了信息传输、企业规模等因素对高端装备制造业创新发展的影响，揭示了这些因素对高端装备制造业创新发展的影响规律。

（二）高端装备制造业创新效率

在高端装备制造业创新效率研究领域，产业创新效率的测度和高端装备制造业创新效率影响因素是目前国内外学者研究的热点。如在高端装备制造业创新效率测度方面，拉布和科塔姆拉朱（Rabb and Kotamraju，2006）等以美国高端装备制造业企业为样本，运用 DEA 模型分析了其技术创新效率；乐思诗（2020）对宁波市的高端装备制造业技术创新效率进行了分析，指出仅汽车行业的创新效率达到合格标准；余曦（2020）对深沪两地的 140 家高端装备制造业企业进行研究，从四个方面对高端装备制造业企业的技术创新效率进行评价；郗佳禹（2020）在深入分析国内外装备制造业技术创新效率的基础上，进一步指出在超竞争环境下高端装备制造业该如何提高自身的技术创新效率，而在高端装备制造业技术创新效率影响因素方面，相关研究表明资产负债率、企业管理模式、市场要素等因素均会对高端装备制造业创新效率产生显著影响。

四、国内外研究评述

通过对高端装备制造业发展、技术创新以及高端装备制造业创新等领域的国内外相关研究成果的系统梳理可以看出，国内外学者对高端装备制造业发展的研究主要集中于高端装备制造业的定义与分类、战略地位、产业升级、发展框桎等方面；对技术创新的研究主要集中在技术创新绩效与效应、技术创新影响因素、技术创新机制与路径、技术创新效率等方面；对高端装备制造业创新的研究主要侧重于高端装备制造业创新影响因素以及创新效率两方面。相关研究充分表明：首先，高端装备制造业在国民经济体系中具有核心战略价值，而产业发展中所面临的各种桎梏以及环境变局，则对其提出了升级与创新发展的要求，通过创新实现产业升级与结构优化势在必行；其次，创新已经成为驱动发展的第一动力，而技术创新作为创新的重要发展方向，实现"创新之创新"是突破既有研究的制约，寻求新的创新体系的重要方式。

相关研究成果的取得不仅为本书指明了研究方向，而且为研究的开展奠定了必要的前提与基础。然而，从中国高端装备制造业技术创新的视角来看，既有研究成果尚存在如下待完善之处：一是针对高端装备制造业的研究多集中于内涵、战略地位、产业升级、发展桎梏方面，而对其如何实现创新发展的研究相对匮乏，无法有效引导相关产业进行创新发展；二是关于技术创新的研究主要集中于制造业、装备制造业、高技术产业等，基于技术创新视角的高端装备制造业创新研究相对较少，使高端装备制造业的技术创新缺乏充足的理论指导。综上可知，当前对高端装备制造业技术创新的研究仍存在较多不足，尚未形成完善的理论体系，无法有效指导高端装备制造业的技术创新实践。

基于高端装备制造业技术创新领域相关研究成果的缺失，本书对中国高端装备制造业技术创新发展现状、技术创新效率和影响因素展开系统研究，所得研究成果可以初步形成中国高端装备制造业技术创新的理论框架体系，不仅可以有效指导中国高端装备制造业技术创新实践，实现产业创新与产业升级，而且有助于推动国民经济由高速发展向高质量发展转变，因此具有重要的理论意义与现实价值。

第四节　研究内容与方法

一、研究内容

（1）中国高端装备制造业发展及其技术创新现状分析。通过对中国高端装备制造业发展及其技术创新相关数据的剖析，从细分行业及区域等不同维度揭示中国高端装备制造业的发展现状及技术创新现状。

（2）构建涵盖指标体系、方法和模型的产业技术创新效率评价体系，从细分行业和区域两大视角对中国高端装备制造业技术创新效率进行定量测度研究，揭示中国高端装备制造业技术创新效率的静态特征与动态演化规律。

（3）对中国高端装备制造业技术创新效率的影响因素进行解构，分析不同方面影响因素对产业技术创新效率的影响，进而提出研究假设并进行检验，揭示不同维度影响因素对产业技术创新效率的影响强度和影响方向。

（4）基于中国高端装备制造业技术创新效率及其影响因素评价结果，从效率提升策略和创新保障策略两个方面设计中国高端装备制造业技术创新的策略体系，为中国高端装备制造业技术创新提供策略支撑。

二、研究方法

（1）文献分析。整理有关中国高端装备制造业、技术创新、中国高端装备制造业技术创新等相关研究领域的文献，阅读并消化吸收，发现现有研究的最新进展与不足之处，提出本书的研究问题，并且在文献综述的基础上形成本书的理论基础。

（2）数据采集法。在进行中国高端装备制造业细分行业和区域高端装备制造业的发展现状以及技术创新资源投入现状分析时，运用数据采集方法对中国高端装备业相关数据进行整理，进一步分析中国高端装备制造业的发展现状以及技术创新资源投入现状。

（3）数据包络分析方法和随机前沿分析方法（Stochastic Frontier Approach, SFA）。在中国高端装备制造业细分行业和区域高端装备制造业的技术创新效率测度方面，运用 DEA 方法和 SFA 方法测度中国高端装备制造业细分行业和区域高端装备制造业的技术创新效率，进一步揭示中国高端装备制造业技术创新效率的演化规律。

（4）回归分析法。在进行中国高端装备制造业技术创新效率影响因素研究时，运用回归模型分别从经济、人力、技术和环境四个层面测度影响中国高端装备制造业技术创新效率的因素，并剖析了各影响因素的影响强度及影响方向。

第二章

高端装备制造业发展现状分析

第一节 高端装备制造业的内涵

高端装备制造业又称先进装备制造业，是指研发制造高科技含量、高附加值的高端设施设备的行业。高端装备制造业是装备制造业的核心部分，承担着为国民经济各部门提供工作"母机"、带动相关产业发展的重任，是工业的心脏和国民经济的生命线，是提升国家综合实力的核心力量。高端装备的生产制造主要是为了满足战略性新兴产业和传统产业发展的需要。高端装备制造业位于价值链的上游和产业链的核心生产制造环节，对产业整体竞争力的提升影响显著，是推动工业转型升级和现代产业发展的绝对力量。

加速我国高端装备制造业发展，能够帮助我国产业在未来的发展中抢占先机，增强我国总体产业的国际竞争力，加速我国由装备制造大国向装备制造强国的角色转换。中国高端装备制造业主要划分为通用、专用设备制造业；汽车、铁路、船舶、航天航空和其他运输设备制造业；电气机械和器材制造业；计算机、通信和其他电子设备制造业四个领域。高端装备制造业的特征主要有以下三方面。

第一，科技含量高，高端装备制造业整合了知识和先进技术资源，是各学科领域前沿技术的集成。

第二，价值链高端，通过高端装备制造业特有的高附加值属性，可以促进企业由价值链中下游向价值链上游发展。

第三，产业链核心，高端装备制造业发展程度对产业的整体竞争力起决定性作用，高端装备制造业通过在关键学科领域取得的重大技术进展，带动其他相关产业的发展，为许多战略性新兴产业提供技术保障，具有知识密集、产品附加值高、技术创新性强、带动作用强等显著特点。

第二节　高端装备制造细分行业发展现状分析

本节数据来源于 2010～2020 年《中国工业统计年鉴》。

一、通用、专用设备制造业发展现状分析

（一）企业数量分析

通用、专用设备制造业企业数量反映该行业的发展程度和发展状况，可以在很大程度上反映出该行业的发展势头。近十年通用、专用设备制造业企业数量统计如表 2-1 所示。

表 2-1　　　　　　近十年通用、专用设备制造业企业数量　　　　单位：个

年份	企业数量	年份	企业数量	年份	企业数量
2010	59 782	2014	42 016	2018	41 926
2011	39 766	2015	42 392	2019	43 896
2012	37 100	2016	41 283	2020	47 509
2013	37 869	2017	41 415	—	—

资料来源：笔者自制。

通过对近十年该行业企业数量指标数据的分析，可以发现随着时间的变化，企业数量总体上先减小后增加，其中 2010～2011 年企业数量减少较多，2011～2020 年数量平稳增加。2012 年对应的为最小值，企业个数为 37 100 个，2010 年对应的为最大值，企业个数为 59 782 个。

（二）资产总计分析

通用、专用设备制造业资产总计表示该行业拥有或控制的全部资产，可以较为准确地代表该行业的资产波动情况。近十年通用、专用设备制造业资产统

计如表2-2所示。

表2-2 近十年通用、专用设备制造业资产 单位：亿元

年份	资产总计	年份	资产总计	年份	资产总计
2010	47 176.72	2014	73 523.03	2018	81 922.20
2011	52 631.78	2015	77 298.02	2019	86 361.10
2012	57 897.11	2016	80 177.06	2020	95 846.50
2013	64 712.04	2017	82 258.66	—	—

资料来源：笔者自制。

通过对近十年该行业资产数据的分析，可以发现随着时间的变化，资产总额总体上逐年增加，其中2014~2018年增加较为平稳。2010年对应的最小值为47 176.72亿元，2020年对应的最大值为95 846.50亿元。

（三）流动资产合计分析

通用、专用设备制造业流动资金合计表示该行业在一年内变现或耗用的资产。近十年通用、专用设备制造业流动资产统计如表2-3所示。

表2-3 近十年通用、专用设备制造业流动资产合计 单位：亿元

年份	流动资产合计	年份	流动资产合计	年份	流动资产合计
2010	29 258.29	2014	44 555.90	2018	52 649.00
2011	33 002.95	2015	46 231.29	2019	56 821.70
2012	36 468.21	2016	47 707.11	2020	64 587.70
2013	40 765.78	2017	50 650.58	—	—

资料来源：笔者自制。

通过对近十年该行业流动资产合计指标数据的分析，可以发现随着时间的变化，流动资产合计逐年增加，且增加金额较多，其中2019~2020年增幅最多。2010年对应的最小值为29 258.29亿元，2020年对应的最大值为64 587.70亿元。

（四）负债合计分析

通用、专用设备制造业负债合计表示该行业承担的能以资产或劳务偿还的债务。近十年通用、专用设备制造业负债合计统计如表 2 - 4 所示。

表 2 - 4 　　　　　　近十年通用、专用设备制造业负债合计　　　　单位：亿元

年份	负债合计	年份	负债合计	年份	负债合计
2010	29 258.29	2014	44 555.90	2018	52 649.00
2011	33 002.95	2015	46 231.29	2019	56 821.70
2012	36 468.21	2016	47 707.11	2020	64 587.70
2013	40 765.78	2017	50 650.58	—	—

资料来源：笔者自制。

通过对近十年该行业负债合计指标数据的分析，可以发现随着时间的变化，负债合计逐年增加，其中 2010 ~ 2014 年以及 2019 ~ 2020 年增幅较大，2014 ~ 2019 年增幅较平稳。2010 年对应的最小值为 29 258.29 亿元，2020 年对应的最大值为 64 587.70 亿元。

（五）营业收入分析

通用、专用设备制造业营业收入表示行业从事主管业务或其他业务所取得的收入，可以很大程度上反映该行业的发展态势。近十年通用、专用设备制造业营业收入统计如表 2 - 5 所示。

表 2 - 5 　　　　　　近十年通用、专用设备制造业营业收入　　　　单位：亿元

年份	营业收入	年份	营业收入	年份	营业收入
2010	55 713.08	2014	81 843.17	2018	68 228.90
2011	66 217.53	2015	82 913.39	2019	69 726.00
2012	66 754.64	2016	85 614.91	2020	75 020.20
2013	74 846.49	2017	81 446.26	—	—

资料来源：笔者自制。

通过对近十年该行业营业收入指标数据的分析，可以发现随着时间的变化，营业收入有较大波动，其中 2010～2016 年营业收入逐年增加，2016～2018 年营业收入逐年减小，2018～2020 年营业收入逐年增加。2016 年对应的最大值为 85 614.91 亿元，2010 年对应的最小值为 55 713.08 亿元。

（六）利润总额分析

通用、专用设备制造业利润总额表示行业在一定时期内通过生产经营活动所实现的最终财务成果，是衡量经营业绩的重要指标。近十年通用、专用设备制造业利润总额统计如表 2-6 所示。

表 2-6　　　　　　近十年通用、专用设备制造业利润总额　　　　单位：亿元

年份	利润总额	年份	利润总额	年份	利润总额
2010	4 565.72	2014	5 410.87	2018	4 562.00
2011	5 209.35	2015	5 329.58	2019	4 972.70
2012	4 879.93	2016	5 458.70	2020	5 962.50
2013	5 014.33	2017	5 603.43	—	—

资料来源：笔者自制。

通过对近十年该行业利润总额指标数据的分析，可以发现随着时间的变化，利润总额具有一定波动性。其中 2010～2017 年利润总额小幅增长，2017～2020 年利润总额先减小后增大。2018 年对应的最小值为 4 562.00 亿元，2020 年对应的最大值为 5 962.50 亿元。

（七）平均收入分析

通用、专用设备制造业平均收入反映行业总体发展状况和发展前景。近十年通用、专用设备制造业平均收入统计如表 2-7 所示。

通过对近十年该行业平均收入指标数据的分析，可以发现随着时间的变化，平均收入总体先增大后减小，具有较大波动性，其中 2010～2016 年逐年递增，2016～2020 年逐年递减。2010 年对应的最小值为 0.93 亿元，2016 年对应的最大值为 2.07 亿元。

表 2 - 7   近十年通用、专用设备制造业平均收入   单位：亿元

年份	平均收入	年份	平均收入	年份	平均收入
2010	0.93	2014	1.95	2018	1.63
2011	1.67	2015	1.96	2019	1.59
2012	1.80	2016	2.07	2020	1.58
2013	1.98	2017	1.97	—	—

资料来源：笔者自制。

（八）平均利润分析

通用、专用设备制造业平均利润表示该行业同量资本获得的等量利润或职能资本家按平均利润率获得的利润。近十年通用、专用设备制造业平均利润统计如表 2 - 8 所示。

表 2 - 8   近十年通用、专用设备制造业平均利润   单位：亿元/个

年份	平均利润	年份	平均利润	年份	平均利润
2010	0.08	2014	0.13	2018	0.11
2011	0.13	2015	0.13	2019	0.11
2012	0.13	2016	0.13	2020	0.13
2013	0.13	2017	0.14	—	—

资料来源：笔者自制。

通过对近十年该行业平均利润指标数据的分析，可以发现随着时间的变化，平均利润具有较大波动，其中 2010～2011 年增幅最大，2011～2016 年平均利润基本保持不变，2017～2020 年先减小后增大。2010 年对应的最小值为 0.08 亿元/个，2017 年对应的最大值为 0.14 亿元/个。

二、运输设备制造业发展现状分析

（一）企业数量分析

汽车、铁路、船舶、航天航空和其他运输设备制造业企业数量反映该行业

的发展程度和发展状况。近十年汽车、铁路、船舶、航天航空和其他运输设备制造业企业数量统计如表2-9所示。

表2-9　　　　　　近十年汽车、铁路、船舶、航天航空和
其他运输设备制造业企业数量　　　　　　单位：个

年份	企业数量	年份	企业数量	年份	企业数量
2010	20 718	2014	18 434	2018	19 964
2011	15 012	2015	19 203	2019	20 198
2012	16 031	2016	19 440	2020	21 068
2013	16 458	2017	19 732	—	—

资料来源：笔者自制。

通过对近十年该行业企业数量指标数据的分析，可以发现随着时间的变化，企业数量先减小后增加，其中2010～2011年减小，2011～2020年平稳增长，呈蓬勃发展的势头。2011年对应的最小值为15 012个，2020年对应的最大值为21 068个。

（二）资产总计分析

汽车、铁路、船舶、航天航空和其他运输设备制造业资产总计表示该行业拥有或控制的全部资产，可以反映该行业总体的财富情况。近十年汽车、铁路、船舶、航天航空和其他运输设备制造业资产统计如表2-10所示。

表2-10　　　　　　近十年汽车、铁路、船舶、航天航空和
其他运输设备制造业资产总计　　　　　　单位：亿元

年份	资产总计	年份	资产总计	年份	资产总计
2010	47 981.05	2014	73 855.70	2018	95 574.70
2011	54 340.84	2015	82 357.72	2019	104 528.60
2012	59 094.15	2016	92 199.29	2020	109 779.20
2013	66 813.87	2017	99 366.71	—	—

资料来源：笔者自制。

通过对近十年该行业资产总计指标数据的分析，可以发现随着时间的变化，资产总额逐年增加，增幅较大。2010 年对应的最小值为 47 981.05 亿元，2020 年对应的最大值为 109 779.20 亿元。

（三）流动资产合计分析

汽车、铁路、船舶、航天航空和其他运输设备制造业流动资金合计表示该行业在一年内变现或耗用的资产。近十年汽车、铁路、船舶、航天航空和其他运输设备制造业流动资产合计统计如表 2－11 所示。

表 2－11　　　　　　近十年汽车、铁路、船舶、航天航空和
其他运输设备制造业流动资产合计　　　　　　单位：亿元

年份	流动资产合计	年份	流动资产合计	年份	流动资产合计
2010	29 859.82	2014	42 770.58	2018	57 401.20
2011	33 049.16	2015	47 615.86	2019	62 964.40
2012	34 841.33	2016	54 109.50	2020	67 104.90
2013	39 502.14	2017	59 882.06	—	—

资料来源：笔者自制。

通过对近十年该行业流动资产合计指标数据的分析，可以发现随着时间的变化，流动资产合计逐年增加，且增加幅度较大。2010 年对应的最小值为 29 859.82 亿元，2020 年对应的最大值为 67 104.90 亿元。

（四）负债合计分析

汽车、铁路、船舶、航天航空和其他运输设备制造业负债合计表示该行业所承担的能以资产或劳务偿还的债务。近十年汽车、铁路、船舶、航天航空和其他运输设备制造业负债合计统计如表 2－12 所示。

通过对近十年该行业负债合计指标数据的分析，可以发现随着时间的变化，负债合计逐年增加，且增幅较大。2010 年对应的最小值为 30 248.95 亿元，2020 年对应的最大值为 65 621.60 亿元。

表 2 – 12　　　　　　近十年汽车、铁路、船舶、航天航空和
其他运输设备制造业负债合计　　　　　　　单位：亿元

年份	负债合计	年份	负债合计	年份	负债合计
2010	30 248.95	2014	43 628.20	2018	56 661.00
2011	33 305.39	2015	48 854.43	2019	62 946.00
2012	35 144.75	2016	54 941.70	2020	65 621.60
2013	39 710.94	2017	59 267.70	—	—

资料来源：笔者自制。

（五）营业收入分析

汽车、铁路、船舶、航天航空和其他运输设备制造业营业收入表示该行业从事主管业务或其他业务取得的收入，可以反映该行业的总体创收情况。近十年汽车、铁路、船舶、航天航空和其他运输设备制造业营业收入统计如表 2 – 13 所示。

表 2 – 13　　　　　　近十年汽车、铁路、船舶、航天航空和
其他运输设备制造业营业收入　　　　　　单位：亿元

年份	营业收入	年份	营业收入	年份	营业收入
2010	55 058.68	2014	85 977.12	2018	95 226.30
2011	63 131.95	2015	90 157.09	2019	95 181.60
2012	66 983.96	2016	100 672.08	2020	97 215.20
2013	77 085.12	2017	101 558.23	—	—

资料来源：笔者自制。

通过对近十年该行业营业收入指标数据的分析，可以发现随着时间的变化，营业收入先增大后减小，其中 2010 ~ 2016 年逐年增大且增幅较大，2017 ~ 2020 年较为平稳。2010 年对应的最小值为 55 058.68 亿元，2017 年对应的最大值为 101 558.23 亿元。

（六）利润总额分析

汽车、铁路、船舶、航天航空和其他运输设备制造业利润总额表示该行业

在一定时期内通过生产经营活动所实现的最终财务成果，是衡量经营业绩的重要指标。近十年汽车、铁路、船舶、航天航空和其他运输设备制造业利润总额统计如表2-14所示。

表2-14　　　　　近十年汽车、铁路、船舶、航天航空和
　　　　　　　其他运输设备制造业利润总额　　　　　单位：亿元

年份	利润总额	年份	利润总额	年份	利润总额
2010	4 856.40	2014	7 237.69	2018	6 764.30
2011	5 478.38	2015	7 349.93	2019	5 891.60
2012	5 245.20	2016	8 029.47	2020	5 880.30
2013	6 033.40	2017	7 839.68	—	—

资料来源：笔者自制。

通过对近十年该行业利润总额指标数据的分析，可以发现随着时间的变化，利润总额有较大波动，其中2010~2017年逐年增加且增幅较大，2017~2020年逐年减小。2010年对应的利润总额最小值为4 856.40亿元，2016年对应的利润总额最大值为8 029.47亿元。

（七）平均收入分析

汽车、铁路、船舶、航天航空和其他运输设备制造业平均收入反映该行业总体发展状况和发展前景。近十年汽车、铁路、船舶、航天航空和其他运输设备制造业平均收入统计如表2-15所示。

表2-15　　　　　近十年汽车、铁路、船舶、航天航空和
　　　　　　　其他运输设备制造业平均收入　　　　　单位：亿元

年份	平均收入	年份	平均收入	年份	平均收入
2010	2.66	2014	4.66	2018	4.77
2011	4.21	2015	4.69	2019	4.71
2012	4.18	2016	5.18	2020	4.61
2013	4.68	2017	5.15	—	—

资料来源：笔者自制。

通过对近十年该行业平均收入指标数据的分析，可以发现随着时间的变化，平均收入总体较平稳，波动增幅较小，其中 2016 年达到峰值。2010 年对应的最小值为 2.66 亿元，2016 年对应的最大值为 5.18 亿元。

（八）平均利润分析

汽车、铁路、船舶、航天航空和其他运输设备制造业平均利润表示该行业同量资本获得的等量利润或职能资本家按平均利润率获得的利润。近十年汽车、铁路、船舶、航天航空和其他运输设备制造业平均利润统计如表 2 - 16 所示。

表 2 - 16　　　　　　　　　近十年汽车、铁路、船舶、航天航空和
其他运输设备制造业平均利润　　　　　　　单位：亿元/个

年份	平均利润率	年份	平均利润率	年份	平均利润率
2010	0.23	2014	0.39	2018	0.34
2011	0.36	2015	0.38	2019	0.29
2012	0.33	2016	0.41	2020	0.28
2013	0.37	2017	0.40	—	—

资料来源：笔者自制。

通过对近十年该行业平均利润指标数据的分析，可以发现随着时间的变化，平均利润具有较大波动，其中 2010～2017 年总体呈增长趋势，2017～2020 年逐年下降。2010 年对应的最小值为 0.23 亿元/个，2016 年对应的最大值为 0.41 亿元/个。

三、电气机械和器材制造业发展现状分析

（一）企业数量分析

电气机械和器材制造业企业数量反映该行业的发展程度和发展状况，可以反映出该行业的发展前景。近十年电气机械和器材制造业企业数量统计如表 2 - 17 所示。

表 2 - 17　　　　　　近十年电气机械和器材制造业企业数量　　　　单位：个

年份	企业数量	年份	企业数量	年份	企业数量
2010	27 537	2014	23 208	2018	24 190
2011	20 084	2015	23 674	2019	25 267
2012	21 055	2016	23 605	2020	26 944
2013	21 368	2017	23 934	—	—

资料来源：笔者自制。

通过对近十年该行业企业数量指标数据的分析，可以发现随着时间的变化，企业数量先减小后增大，总体上逐年递增。2011 年对应的最小值为 20 084 个，2010 年对应的最大值为 27 537 个。

（二）资产总计分析

电气机械和器材制造业资产总计表示该行业拥有或控制的全部资产，可以很大程度上反映出该行业的整体资产情况。近十年电气机械和器材制造业资产总计如表 2 - 18 所示。

表 2 - 18　　　　　近十年电气机械和器材制造业资产总计　　　　单位：亿元

年份	资产总计	年份	资产总计	年份	资产总计
2010	31 717.94	2014	52 333.16	2018	68 960.70
2011	37 583.86	2015	57 153.76	2019	69 800.20
2012	42 317.44	2016	63 139.09	2020	77 119.00
2013	46 375.08	2017	66 878.24	—	—

资料来源：笔者自制。

通过对近十年该行业资产总计指标数据的分析，可以发现随着时间的变化，资产总额总体逐年增加，增加幅度较大。2010 年对应的最小值为 31 717.94 亿元，2020 年对应的最大值为 77 119.00 亿元。

（三）流动资产合计分析

电气机械和器材制造业流动资产合计表示该行业在一年内变现或耗用的资

产，可以反映该行业的资产活跃情况。近十年电气机械和器材制造业流动资产合计统计如表2-19所示。

表2-19 近十年电气机械和器材制造业流动资产合计 单位：亿元

年份	流动资产合计	年份	流动资产合计	年份	流动资产合计
2010	20 986.90	2014	33 583.06	2018	44 962.70
2011	25 027.60	2015	36 400.52	2019	46 121.70
2012	27 558.90	2016	40 030.68	2020	51 815.20
2013	30 320.10	2017	43 404.87	—	—

资料来源：笔者自制。

通过对近十年该行业流动资产合计指标数据的分析，可以发现随着时间变化，流动资产合计逐年增加，且涨幅较大。2010年对应的最小值为20 986.90亿元，2020年对应的最大值为51 815.20亿元。

（四）负债合计分析

电气机械和器材制造业负债合计表示该行业所承担的能以资产或劳务偿还的债务。近十年电气机械和器材制造业负债合计统计如表2-20所示。

表2-20 近十年电气机械和器材制造业负债合计 单位：亿元

年份	负债合计	年份	负债合计	年份	负债合计
2010	18 289.64	2014	30 138.57	2018	39 665.00
2011	21 901.16	2015	32 322.06	2019	39 315.90
2012	24 540.18	2016	35 099.69	2020	43 757.10
2013	26 757.26	2017	37 564.26	—	—

资料来源：笔者自制。

通过对近十年该行业负债合计指标数据的分析，可以发现随着时间的变化，负债合计逐年增加，且增幅较大。2010年对应的最小值为18 289.64亿元，2020年对应的最大值为43 757.10亿元。

（五）营业收入分析

电气机械和器材制造业营业收入表示该行业从事主管业务或其他业务所取得的收入。近十年电气机械和器材制造业营业收入统计如表 2-21 所示。

表 2-21　　　　　　近十年电气机械和器材制造业营业收入　　　　单位：亿元

年份	营业收入	年份	营业收入	年份	营业收入
2010	42 152.59	2014	66 977.77	2018	64 643.30
2011	50 148.85	2015	69 183.18	2019	64 923.30
2012	54 522.61	2016	73 642.26	2020	69 306.60
2013	61 018.14	2017	71 683.44	—	—

资料来源：笔者自制。

通过对近十年该行业营业收入指标数据的分析，可以发现随着时间的变化，营业收入先增大后减小，其中 2010～2016 年逐年递增，2016～2020 年先减小后增大。2010 年对应的最小值为 42 152.59 亿元，2016 年对应的最大值为 73 642.26 亿元。

（六）利润总额分析

电气机械和器材制造业利润总额表示该行业在一定时期内通过生产经营活动所实现的最终财务成果，是衡量经营业绩的重要指标。近十年电气机械和器材制造业利润总额统计如表 2-22 所示。

表 2-22　　　　　　近十年电气机械和器材制造业利润总额　　　　单位：亿元

年份	利润总额	年份	利润总额	年份	利润总额
2010	3 116.20	2014	4 162.98	2018	3 758.00
2011	3 310.13	2015	4 524.31	2019	3 943.40
2012	3 419.72	2016	5 150.27	2020	4 275.50
2013	3 451.73	2017	4 657.49	—	—

资料来源：笔者自制。

通过对近十年该行业利润总额指标数据的分析，可以发现随着时间的变化，利润总额具有较大波动，其中 2010 ~ 2016 年逐年增加，2016 ~ 2020 年先减小后增大。2010 年对应的最小值为 3 116. 20 亿元，2016 年对应的最大值为 5 150. 27 亿元。

（七）平均收入分析

电气机械和器材制造业平均收入表示总体收入平均分到各企业的收入值，反映该行业总体发展状况和发展前景。近十年电气机械和器材制造业平均收入统计如表 2 - 23 所示。

表 2 - 23　　　　　　近十年电气机械和器材制造业平均收入　　　　单位：亿元

年份	平均收入	年份	平均收入	年份	平均收入
2010	1. 53	2014	2. 89	2018	2. 67
2011	2. 50	2015	2. 92	2019	2. 57
2012	2. 59	2016	3. 12	2020	2. 57
2013	2. 86	2017	3. 00	—	—

资料来源：笔者自制。

通过对近十年该行业平均收入指标数据的分析，可以发现随着时间的变化，平均收入总体平稳，中间略有波动。2010 年对应的最小值为 1. 53 亿元，2016 年对应的最大值为 3. 12 亿元。

（八）平均利润分析

电气机械和器材制造业平均利润表示该行业同量资本获得的等量利润或职能资本家按平均利润率获得的利润。近十年电气机械和器材制造业平均利润统计如表 2 - 24 所示。

通过对近十年该行业平均利润指标数据的分析，可以发现随着时间的变化，平均利润大体保持不变，2016 年达到峰值。2010 年对应的最小值为 0. 11 亿元/个，2016 年对应的最大值为 0. 22 亿元/个。

表 2 - 24　　　　　　近十年电气机械和器材制造业平均利润　　　　单位：亿元/个

年份	平均利润	年份	平均利润	年份	平均利润
2010	0.11	2014	0.18	2018	0.16
2011	0.16	2015	0.19	2019	0.16
2012	0.16	2016	0.22	2020	0.16
2013	0.16	2017	0.19	—	—

资料来源：笔者自制。

四、计算机、通信和其他电子设备制造业发展现状分析

(一) 企业数量分析

计算机、通信和其他电子设备制造业企业数量表示该行业的制造企业对应的总数，反映该行业的总体发展状况。近十年计算机、通信和其他电子设备制造业企业数量统计如表 2 - 25 所示。

表 2 - 25　　　　近十年计算机、通信和其他电子设备制造业企业数量　　　　单位：个

年份	企业数量	年份	企业数量	年份	企业数量
2010	14 838	2014	14 034	2018	16 656
2011	11 364	2015	14 594	2019	18 726
2012	12 328	2016	15 222	2020	20 867
2013	12 669	2017	16 095	—	—

资料来源：笔者自制。

通过对近十年该行业企业数量指标数据的分析，可以发现随着时间的变化，企业数量总体上逐年递增，增幅较平稳。2011 年对应的最小值为 11 364 个，2020 年对应的最大值为 20 867 个。

(二) 资产总计分析

计算机、通信和其他电子设备制造业资产总计表示该行业拥有或控制的全部资产。近十年计算机、通信和其他电子设备制造业资产统计如表 2 - 26 所示。

表 2 - 26　　　　近十年计算机、通信和其他电子设备制造业资产总计　　　单位：亿元

年份	资产总计	年份	资产总计	年份	资产总计
2010	37 719.80	2014	59 973.73	2018	101 613.20
2011	41 510.83	2015	67 231.29	2019	112 957.90
2012	46 427.82	2016	79 055.49	2020	129 821.10
2013	50 768.81	2017	88 837.09	—	—

资料来源：笔者自制。

通过对近十年该行业资产总计指标数据的分析，可以发现随着时间的变化，资产总额总体逐年增加，增幅较大。2010 年对应的最小值为 37 719.80 亿元，2020 年对应的最大值为 129 821.10 亿元。

（三）流动资产合计分析

计算机、通信和其他电子设备制造业流动资金合计表示该行业在一年内变现或耗用的资产。近十年计算机、通信和其他电子设备制造业流动资产合计统计如表 2 - 27 所示。

表 2 - 27　　　近十年计算机、通信和其他电子设备制造业流动资产合计　　　单位：亿元

年份	流动资产合计	年份	流动资产合计	年份	流动资产合计
2010	23 567.72	2014	39 969.71	2018	67 590.20
2011	27 725.97	2015	44 587.93	2019	74 279.10
2012	30 518.89	2016	52 615.82	2020	83 685.20
2013	33 771.73	2017	59 671.84	—	—

资料来源：笔者自制。

通过对近十年该行业流动资产合计指标数据的分析，可以发现随着时间的变化，流动资产合计逐年增加，且增幅较大。2010 年对应的最小值为 23 567.72 亿元，2020 年对应的最大值为 83 685.20 亿元。

（四）负债合计分析

计算机、通信和其他电子设备制造业负债合计表示该行业承担的能以资产

或劳务偿还的债务。近十年计算机、通信和其他电子设备制造业负债合计统计如表2-28所示。

表2-28　　　近十年计算机、通信和其他电子设备制造业负债合计　　　单位：亿元

年份	负债合计	年份	负债合计	年份	负债合计
2010	20 437.59	2014	35 172.49	2018	59 144.50
2011	24 401.50	2015	38 631.60	2019	64 765.20
2012	27 011.61	2016	45 503.52	2020	73 329.80
2013	29 522.05	2017	51 002.64	—	—

资料来源：笔者自制。

通过对近十年该行业负债合计指标数据的分析，可以发现随着时间的变化，负债合计逐年增加，且增幅较大。2010年对应的最小值为20 437.59亿元，2020年对应的最大值为73 329.80亿元。

（五）营业收入分析

计算机、通信和其他电子设备制造业营业收入表示该行业从事主管业务或其他业务所取得的收入。近十年计算机、通信和其他电子设备制造业营业收入统计如表2-29所示。

表2-29　　　近十年计算机、通信和其他电子设备制造业营业收入　　　单位：亿元

年份	营业收入	年份	营业收入	年份	营业收入
2010	55 161.16	2014	85 486.30	2018	107 685.40
2011	63 474.89	2015	91 606.58	2019	111 872.90
2012	70 430.07	2016	99 629.48	2020	123 808.00
2013	77 226.31	2017	106 221.70	—	—

资料来源：笔者自制。

通过对近十年该行业营业收入指标数据的分析，可以发现随着时间的变化，营业收入总体逐年增加，增幅很大。2010年对应的最小值为55 161.16亿元，2020年对应的最大值为123 808.00亿元。

（六）利润总额分析

计算机、通信和其他电子设备制造业利润总额表示该行业在一定时期内通过生产经营活动所实现的最终财务成果，是衡量经营业绩的重要指标。近十年计算机、通信和其他电子设备制造业利润总额统计如表2-30所示。

表2-30 　　　近十年计算机、通信和其他电子设备制造业利润总额 　　单位：亿元

年份	利润总额	年份	利润总额	年份	利润总额
2010	2 873.03	2014	4 282.57	2018	4 781.26
2011	2 827.42	2015	4 563.74	2019	5 373.64
2012	3 194.18	2016	5 070.17	2020	6 252.92
2013	3 308.25	2017	5 741.66	—	—

资料来源：笔者自制。

通过对近十年该行业利润总额指标数据的分析，可以发现随着时间的变化，利润总额具有波动性，其中2010~2017年逐年增加，2017~2020年先减小后增大。2010年对应的最小值为2 873.03亿元，2020年对应的最大值为6 252.92亿元。

（七）平均收入分析

计算机、通信和其他电子设备制造业平均收入反映该行业总体发展状况和发展前景。近十年计算机、通信和其他电子设备制造业平均收入统计如表2-31所示。

表2-31 　　　近十年计算机、通信和其他电子设备制造业平均收入 　　单位：亿元

年份	平均收入	年份	平均收入	年份	平均收入
2010	3.72	2014	6.09	2018	6.47
2011	5.59	2015	6.28	2019	5.97
2012	5.71	2016	6.55	2020	5.93
2013	6.10	2017	6.60	—	—

资料来源：笔者自制。

通过对近十年该行业平均收入指标数据的分析，可以发现随着时间的变化，平均收入总体先增大后减小，总体较平稳。2010 年对应的最小值为 3.72 亿元，2017 年对应的最大值为 6.60 亿元。

（八）平均利润分析

计算机、通信和其他电子设备制造业平均利润表示该行业同量资本获得的等量利润或职能资本家按平均利润率获得的利润。近十年计算机、通信和其他电子设备制造业平均利润统计如表 2 - 32 所示。

表 2-32　　　　近十年计算机、通信和其他电子设备制造业平均利润　　单位：亿元/个

年份	平均利润	年份	平均利润	年份	平均利润
2010	0.19	2014	0.31	2018	0.29
2011	0.25	2015	0.31	2019	0.29
2012	0.26	2016	0.33	2020	0.30
2013	0.26	2017	0.36	—	—

资料来源：笔者自制。

通过对近十年该行业平均利润指标数据的分析，可以发现随着时间的变化，平均利润变化较平稳，存在较小波动。2010 年对应的最小值为 0.19 亿元/个，2017 年对应的最大值为 0.36 亿元/个。

第三节　区域高端装备制造业发展现状分析

高端装备制造业是以高新技术为引领，处于价值链高端和产业链核心环节，决定着整个产业链综合竞争力的战略性新兴产业。大力培育和发展高端装备制造业是提升我国产业核心竞争力的必然要求，是抢占未来经济和科技发展制高点的战略选择，因此，从东部、中部、西部分区域对高端装备制造业发展情况进行分析，有利于推动我国高端装备制造业整体发展，对于加快转变经济发展方式、实现由制造业大国向制造业强国转变具有重要战略意义。本节数据来源于各省份 2010～2020 年相关统计年鉴。

一、东部地区高端装备制造业发展现状分析

东部地区包括北京、天津、河北、辽宁、上海、江苏、浙江、福建、山东、广东和海南11省（市）。相对于中西部地区的高端装备制造业发展，东部地区依托区位优势发展更为迅速。本节将从企业数量、资产总计、流动资产合计、负债合计、营业收入、利润总额、平均收入、平均利润8个指标对东部高端装备制造业发展进行分析。

（一）企业数量分析

企业数量这一经济指标能反映出该地区在高端装备制造业的规模大小。东部地区近十年高端装备制造业企业数量统计如表2-33所示，根据统计数据绘制成折线统计图，如图2-1，以便更好地研究各省份的平均收入情况。

表2-33　　　　　东部地区近十年高端装备制造业企业数量　　　　单位：个

省份	2011年	2012年	2013年	2014年	2015年	2016年	2017年	2018年	2019年	2020年
北京	1 441	1 406	1 410	1 458	1 417	1 313	1 299	1 275	1 304	1 304
天津	1 792	1 854	1 918	1 966	2 035	1 861	1 573	1 608	1 781	1 910
河北	2 758	2 669	3 062	3 323	3 527	3 574	3 656	3 314	3 242	3 480
辽宁	5 213	4 702	4 672	4 241	3 405	2 156	1 807	1 789	2 076	2 096
上海	4 150	4 012	4 019	3 902	3 773	3 674	3 589	3 327	3 107	3 019
江苏	15 026	15 093	16 278	16 487	16 596	16 586	16 409	16 526	17 721	19 980
浙江	11 269	11 515	12 624	13 183	13 332	13 137	13 695	14 500	16 160	17 512
福建	2 397	2 453	2 723	2 876	2 950	2 941	2 654	2 967	3 241	3 333
山东	8 958	8 566	9 536	9 874	10 198	9 860	9 447	8 790	6 477	6 949
广东	11 347	12 793	12 602	12 732	13 249	13 791	16 032	16 129	20 550	22 505
海南	44	38	42	42	39	36	34	25	26	24

资料来源：笔者自制。

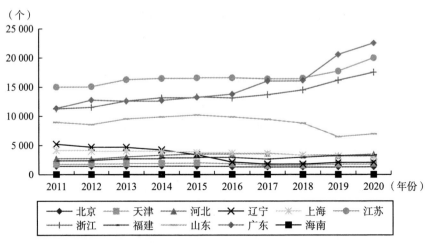

图 2 - 1　东部地区企业数量

资料来源：笔者自制。

由表 2 - 33 可知，东部地区的江苏、浙江、广东三个省在近十年内发展高端装备制造业企业的数量过万，明显多于东部地区其他省份，而且从图 2 - 1 可以看出，随着时间的增长，这三个省份的高端装备制造业企业数量还在逐年递增。北京、天津、河北、辽宁、上海、福建、海南的高端装备制造业企业规模数量相当。山东省 2016 ~ 2020 年高端装备制造业企业数量呈明显下降趋势。

（二）资产总计分析

高端装备制造业资产总计表示该行业拥有或控制的全部资产。表 2 - 34 为东部地区高端装备制造业近十年的资产总计情况，根据统计数据绘制成折线统计图，如图 2 - 2 所示，以便更好地研究各省份的资产总计情况。

总体来看，东部地区的资金总计在 2011 ~ 2019 年平稳上涨，2020 年北京、河北、辽宁、上海、浙江、山东、海南均出现小幅下降。2020 年，天津、福建、广东环比增长分别为 8.25%、11.13%、10.86%。值得注意的是，福建省的增长量最大，增长了 9.79%。

表 2-34　　　　　　東部地区近十年高端装备制造业资产总计　　　　单位：亿元

省份	2011 年	2012 年	2013 年	2014 年	2015 年
北京	7 119.04	8 193.53	7 792.60	10 241.34	11 325.06
天津	4 845.69	5 662.20	5 355.35	6 919.63	7 108.06
河北	4 678.40	5 147.53	5 083.16	6 899.79	7 488.78
辽宁	10 046.41	10 548.86	10 101.81	11 806.24	11 732.99
上海	14 827.85	15 422.07	15 553.49	18 074.05	18 875.18
江苏	30 776.96	33 680.60	34 115.82	40 545.52	43 754.88
浙江	16 114.13	17 411.21	17 693.99	20 366.61	21 844.46
福建	4 017.59	4 564.64	4 729.77	5 448.59	6 030.18
山东	14 299.29	15 315.16	15 567.00	21 804.16	23 535.53
广东	28 661.41	30 541.22	33 238.85	38 656.57	43 069.08
海南	199.74	256.86	266.38	254.43	241.18
省份	2016 年	2017 年	2018 年	2019 年	2020 年
北京	13 351.38	14 377.38	15 807.39	18 464.94	16 221.41
天津	7 873.52	6 348.45	6 633.64	6 684.72	7 236.45
河北	8 216.54	9 438.78	8 689.32	11 295.14	9 859.52
辽宁	11 064.42	11 248.25	11 818.97	13 819.20	11 741.03
上海	20 240.57	22 078.91	22 744.14	30 886.34	26 505.18
江苏	47 553.77	50 821.75	54 518.99	64 751.32	62 416.34
浙江	23 668.30	26 372.36	29 164.54	37 708.78	37 135.90
福建	7 182.95	8 066.31	9 101.03	9 966.41	11 075.73
山东	25 405.34	25 772.28	24 330.57	26 392.72	21 398.50
广东	49 548.19	56 677.43	65 098.11	70 387.76	78 029.54
海南	229.55	215.75	194.90	191.69	190.41

资料来源：笔者自制。

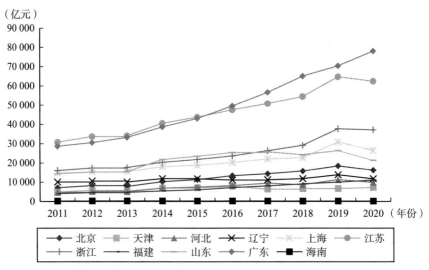

图 2 - 2　东部地区近十年高端装备制造业资产总计

资料来源：笔者自制。

（三）流动资产分析

流动资产是指可以在一年或者超过一年的一个营业周期内变现或耗用的资产，包括现金及各种存款、短期投资、应收及预付货款、存货等。充分的流动资产储备支撑企业构筑独有的技术壁垒，协助企业进行资金周转。东部地区近十年高端装备制造业企业利润总额统计如表 2 - 35 所示，根据统计数据绘制成折线统计图，如图 2 - 3 所示，以便更好地研究各省份的平均收入情况。从近十年的高端装备制造业流动资产统计情况来看，东部地区各省份的流动资产逐年增加。同比增长率排在前五位的为江苏、河北、浙江、上海、天津，同比增长率分别为 17.34%，13.23%，13.14%，12.31%，10.97%。

表 2 - 35　　　　　东部地区近十年高端装备制造业流动资产　　　　　单位：亿元

省份	2011 年	2012 年	2013 年	2014 年	2015 年
北京	4 642.83	5 253.90	5 874.69	6 432.11	7 069.70
天津	3 108.68	3 654.23	4 075.69	4 366.92	4 583.24

省份	2011 年	2012 年	2013 年	2014 年	2015 年
河北	2 733.27	2 831.83	3 253.95	3 773.79	4 133.92
辽宁	5 876.46	6 113.71	6 664.64	6 857.69	7 079.13
上海	10 041.17	10 227.53	11 057.65	11 716.83	12 168.73
江苏	19 526.74	21 017.80	23 139.79	24 754.22	26 177.59
浙江	10 468.43	11 138.58	12 074.83	12 851.37	13 658.15
福建	2 717.81	3 089.77	3 405.56	3 613.39	3 937.57
山东	8 581.73	9 029.94	10 382.87	12 529.22	13 072.34
广东	20 425.84	21 226.80	24 150.85	27 039.87	29 835.56
海南	116.30	152.64	159.93	167.90	159.49
省份	2016 年	2017 年	2018 年	2019 年	2020 年
北京	8 270.51	8 825.89	9 470.47	10 460.35	10 933.71
天津	4 767.78	4 092.30	4 158.88	4 072.46	4 519.02
河北	4 441.51	5 266.08	5 327.39	5 334.58	6 040.43
辽宁	6 817.36	7 121.78	7 377.35	7 215.10	7 532.44
上海	13 247.64	14 400.98	14 456.56	14 956.01	16 796.66
江苏	28 619.16	31 542.82	34 352.17	35 115.17	41 202.43
浙江	14 829.55	11 056.31	18 339.38	21 089.67	23 861.62
福建	4 749.86	13 026.75	5 827.58	6 348.97	6 870.37
山东	13 960.55	15 409.86	15 760.93	13 490.91	14 489.36
广东	34 752.00	40 116.75	46 113.90	50 196.47	54 279.04
海南	151.07	137.38	132.35	111.65	117.20

资料来源：笔者自制。

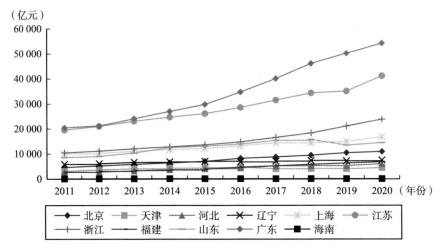

图 2 – 3　东部地区近十年高端装备制造业流动资产

资料来源：笔者自制。

（四）负债合计分析

东部地区近十年的高端装备制造业企业负债情况统计如表 2 – 36 所示。根据统计数据绘制成折线统计图，如图 2 – 4 所示，以便更好地研究各省份的负债变化情况。

表 2 – 36　　　　东部地区近十年高端装备制造业负债情况　　　　单位：亿元

省份	2011 年	2012 年	2013 年	2014 年	2015 年
北京	3 883.06	4 453.09	5 061.35	5 581.12	3 868.59
天津	2 669.67	3 152.74	3 520.87	3 743.75	2 782.18
河北	2 721.60	2 866.17	3 145.50	3 698.75	2 516.18
辽宁	6 146.79	6 417.49	6 848.81	6 978.13	6 300.53
上海	8 606.05	8 631.57	9 398.62	10 001.98	6 795.97
江苏	17 557.18	18 905.06	20 825.23	22 233.58	11 387.79
浙江	9 718.63	10 327.60	11 340.84	11 820.79	7 140.09
福建	2 232.73	2 526.40	2 872.18	2 947.57	1 393.45
山东	8 048.83	8 420.53	9 740.57	11 810.06	8 196.53

续表

省份	2011 年	2012 年	2013 年	2014 年	2015 年
广东	17 674.21	18 539.57	21 115.58	23 783.54	6 211.47
海南	99.37	133.72	139.07	130.91	51.08
省份	2016 年	2017 年	2018 年	2019 年	2020 年
北京	4 655.84	7 943.72	8 627.66	8 560.43	9 084.39
天津	3 513.03	3 503.29	3 625.92	3 657.24	3 839.57
河北	2 725.24	5 099.01	5 219.63	5 163.01	5 940.21
辽宁	6 030.74	7 299.38	7 553.40	7 156.73	7 054.99
上海	7 529.73	12 268.32	12 450.30	12 776.08	14 416.64
江苏	11 916.67	19 539.76	29 042.64	28 976.34	33 721.75
浙江	7 529.84	14 563.87	16 181.85	17 993.17	20 598.94
福建	1 451.91	3 133.38	4 814.85	4 903.70	5 577.51
山东	8 814.26	14 547.67	14 875.89	11 981.84	12 668.45
广东	6 938.03	22 896.86	38 855.69	42 285.43	45 715.17
海南	56.78	96.57	124.37	115.10	119.53

资料来源：笔者自制。

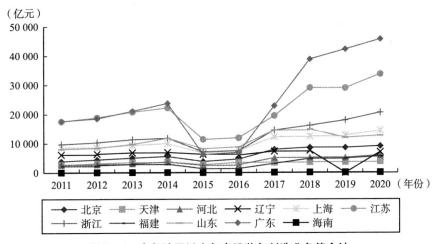

图 2-4 东部地区近十年高端装备制造业负债合计

资料来源：笔者自制。

从总体来看，由于高端装备制造业需要一定的技术研发投入，东部地区的负债情况有一定水平的波动，2011~2014 年，总体负债总数由 79 358.12 亿元上升到 102 730.18 亿元，但在 2015 年整体负债水平有所降低，数值为 56 643.86 亿元。2016 年略高于 2015 年，为 611 262.07 亿元。总体来看，年均负债总额增长率由高到低依次为广东省（9.97%）、福建省（9.59%）、北京市（8.87%）、河北省（8.12%）、浙江省（7.80%）、江苏省（6.74%）、上海市（5.29%）、山东省（4.64%）、天津市（3.70%）、海南省（1.86%）、辽宁省（1.39%）。

（五）营业收入分析

营业收入作为企业的核心指标，体现了企业的规模、盈利能力和续存能力。东部地区近十年高端装备制造业企业的营业收入统计如表 2 - 37 所示，根据统计数据绘制成折线统计图，如图 2 - 5 所示，以便更好地研究各省份的营业收入情况。

从东部地区营业收入总体情况来看，2011~2014 年，该地区的营业收入总体呈上升状态，前三年的增长率分别为 3.94%、9.74% 和 7.63%。2015 年出现回落，2016 年实现上涨，但 2017 出现波动，后续 3 年持续增长。

表 2 - 37　　　　　　东部地区近十年高端装备制造业营业收入　　　　　单位：亿元

省份	2011 年	2012 年	2013 年	2014 年	2015 年
北京	6 963.03	7 053.79	8 125.79	8 908.86	5 196.19
天津	6 381.38	7 460.24	8 638.98	8 822.66	6 752.45
河北	5 834.68	5 902.00	6 850.95	7 647.99	7 586.39
辽宁	12 521.00	12 881.82	13 687.04	13 330.65	8 884.17
上海	18 125.45	17 742.15	18 274.45	19 339.93	13 244.24
江苏	44 107.72	47 557.01	52 546.70	56 318.22	40 666.10
浙江	15 877.26	16 359.33	16 790.99	18 278.61	16 094.90
福建	6 310.91	6 419.00	7 122.12	7 455.74	8 045.29
山东	24 527.69	25 868.69	29 950.94	33 473.85	29 600.37
广东	40 335.36	41 363.85	46 236.34	50 518.56	24 417.87
海南	199.95	200.14	180.06	166.54	132.01

续表

省份	2016 年	2017 年	2018 年	2019 年	2020 年
北京	9 797.63	10 093.02	10 273.13	10 834.75	11 396.36
天津	9 012.69	5 111.52	6 321.88	6 809.77	7 297.66
河北	8 905.92	7 547.62	6 230.42	6 607.40	6 984.38
辽宁	6 748.13	6 447.26	7 228.49	7 395.32	7 562.15
上海	19 260.78	21 256.59	22 424.67	22 141.37	21 858.07
江苏	62 783.31	42 735.91	56 266.87	56 215.99	56 165.11
浙江	20 780.91	21 840.89	24 356.75	26 682.66	29 008.56
福建	8 634.62	9 177.31	10 351.73	10 456.46	10 561.18
山东	35 987.47	32 303.27	18 791.34	18 573.15	18 354.96
广东	60 447.89	66 156.60	73 590.93	76 533.90	79 476.86
海南	131.97	113.82	98.86	86.55	74.24

资料来源：笔者自制。

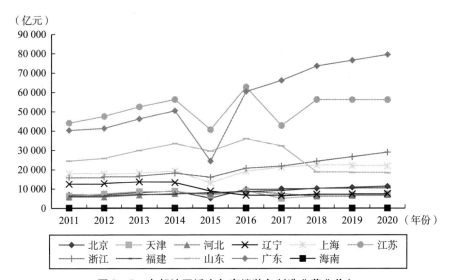

图 2-5　东部地区近十年高端装备制造业营业收入

资料来源：笔者自制。

从各省份营业收入情况来看，江苏省在 2011～2015 年营业收入总额位于东部地区首位。2016 年后广东省赶超江苏省，实现了新的突破，截止到 2020 年，广东省高端装备制造业营业收入为 79 476.86 亿元，同比增长 3.85%。山东省营业收入近五年持续下滑，年均下降率为 12.6%，辽宁省近十年年均增长率为 -4.92%，海南省年均增长率为 -9.43%，说明在山东、辽宁、海南三个省份，高端装备制造业的企业盈利和续存能力不如前期。北京、福建、上海的年均增长量分别为 443.33 亿元、373.26 亿元、425.03 亿元，涨幅平稳，说明企业的规模和经营能力得到保持，企业的生产经营能力较为平稳。

（六）利润总额分析

东部地区近十年高端装备制造业企业的利润总额统计如表 2-38 所示，根据统计数据绘制成折线统计图，如图 2-6 所示，以便更好地研究各省份的营业收入情况。

从东部地区整体来看，2011 年利润总额为 12 099.46 亿元，2012 年降低了 399.84 亿元，2013 年和 2014 年连续增长，2015 年出现近十年内的最低值，为 8 298.28 亿元，2016 年比 2015 增加了近一倍，2017～2019 年利润总额持续下降，2020 年有所回升。

表 2-38 　　　　　　　东部地区近十年高端装备制造业利润总额 　　　　　　单位：亿元

省份	2011 年	2012 年	2013 年	2014 年	2015 年
北京	508.75	488.02	595.05	644.57	499.99
天津	477.14	525.83	618.26	613.80	454.62
河北	553.81	449.61	503.99	521.84	429.09
辽宁	877.83	795.34	865.56	828.54	373.23
上海	1 373.21	1 194.92	1 378.30	1 680.05	1 304.11
江苏	2 954.62	2 974.38	3 383.53	3 740.69	1 966.46
浙江	1 031.32	1 006.08	1 093.06	1 213.45	671.57
福建	426.83	422.78	434.80	470.57	208.08
山东	1 651.84	1 714.59	2 007.95	2 148.08	1 433.05
广东	2 229.04	2 107.14	2 553.83	2 940.63	957.75
海南	15.07	20.93	11.99	4.90	0.33

续表

省份	2016 年	2017 年	2018 年	2019 年	2020 年
北京	688.18	813.78	751.52	801.12	832.26
天津	631.73	304.70	314.79	319.41	406.15
河北	694.43	445.03	282.60	300.58	294.84
辽宁	326.68	430.26	556.66	564.92	689.28
上海	1 616.29	1 722.70	1 773.98	1 511.48	1 365.39
江苏	4 280.57	3 156.38	3 711.36	2 824.52	3 238.56
浙江	1 584.26	1 772.17	1 755.75	1 847.99	2 246.74
福建	610.84	724.98	790.72	801.77	809.49
山东	2 233.32	1 962.88	1 035.78	815.77	1 170.24
广东	3 733.82	4 107.21	4 046.90	2 293.35	4 923.27
海南	− 1.60	− 10.90	− 12.70	− 0.88	1.96

资料来源：笔者自制。

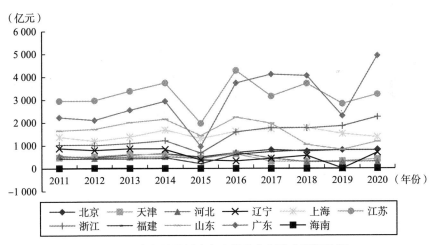

图 2 − 6　东部地区近十年高端装备制造业利润总额

资料来源：笔者自制。

　　从各省份高端装备制造业利润总额来看，近十年来江苏省和广东省的利润总额为 32 231.07 亿元和 29 892.94 亿元，盈利情况在东部地区位列前两名，广东省在 2019 年利润总额出现大幅下降，同比减少 43%。山东省、上海市、浙江省累计利润总额相差不多，在 15 000 亿元左右。北京市、天津市、河北省、福建省利润总额变化较为平稳。海南省的利润总额年均增长率为 −18.45%，企业盈利情况不为乐观。

（七）平均收入分析

东部地区近十年高端装备制造业企业的平均收入统计如表 2 − 39 所示，根据统计数据绘制成折线统计图，如图 2 − 7 所示，以便更好地研究各省份的平均收入情况。

从各省份来看，造成 2015 年总体平均收入下跌的原因是各省的平均收入均有不同程度的下降，最显著的是上海、天津、北京，作为高新技术产业和产业价值链提升的重点城市，极容易受产业影响。在东部地区省份当中，平均收入最低的省份为浙江省，在 1.2 亿 ~1.8 亿元波动，河北、辽宁、福建、山东四个省份的平均收入范围是 2 亿 ~4 亿元，海南省、广东省在 1.6 亿 ~6 亿元区间内变动。

表 2 − 39　　　　东部地区近十年高端装备制造业平均收入　　　单位：亿元/个

省份	2011 年	2012 年	2013 年	2014 年	2015 年
北京	4.83	5.02	5.76	6.11	3.67
天津	3.56	4.02	4.50	4.49	3.32
河北	2.12	2.21	2.24	2.30	2.15
辽宁	2.40	2.74	2.93	3.14	2.61
上海	4.37	4.42	4.55	4.96	3.51
江苏	2.94	3.15	3.23	3.42	2.45
浙江	1.41	1.42	1.33	1.39	1.21
福建	2.63	2.62	2.62	2.59	2.73
山东	2.74	3.02	3.14	3.39	2.90
广东	3.55	3.23	3.67	3.97	1.84
海南	4.54	5.27	4.29	3.97	3.38
省份	2016 年	2017 年	2018 年	2019 年	2020 年
北京	7.46	7.77	8.06	8.74	8.74

续表

省份	2016 年	2017 年	2018 年	2019 年	2020 年
天津	4.84	3.25	3.93	4.10	3.82
河北	2.49	2.06	1.88	2.15	2.01
辽宁	3.13	3.57	4.04	3.64	3.61
上海	5.24	5.92	6.74	7.04	7.24
江苏	3.79	2.60	3.40	3.17	2.81
浙江	1.58	1.59	1.68	1.80	1.66
福建	2.94	3.46	3.49	3.26	3.17
山东	3.65	3.42	2.14	2.83	2.64
广东	4.38	4.13	4.56	3.87	3.53
海南	3.67	3.35	3.95	2.86	3.09

资料来源：笔者自制。

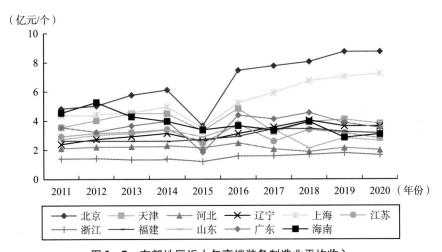

图 2-7 东部地区近十年高端装备制造业平均收入

资料来源：笔者自制。

（八）平均利润分析

平均利润作为衡量企业年所得价值的关键指标，体现了企业的资源转化、利润获取和生产产值等能力。东部地区近十年高端装备制造业企业的平均利润统计如表 2-40 所示，根据统计数据绘制成折线统计图（如图 2-8 所示），以便更好地研究各省份的平均利润情况。

表 2-40 　　　　东部地区近十年高端装备制造业平均利润　　　单位：亿元/个

省份	2011 年	2012 年	2013 年	2014 年	2015 年
北京	0.35	0.35	0.42	0.44	0.35
天津	0.27	0.28	0.32	0.31	0.22
河北	0.20	0.17	0.16	0.16	0.12
辽宁	0.17	0.17	0.19	0.20	0.11
上海	0.33	0.30	0.34	0.43	0.35
江苏	0.20	0.20	0.21	0.23	0.12
浙江	0.09	0.09	0.09	0.09	0.05
福建	0.18	0.17	0.16	0.16	0.07
山东	0.18	0.20	0.21	0.22	0.14
广东	0.20	0.16	0.20	0.23	0.07
海南	0.34	0.55	0.29	0.12	0.01
省份	2016 年	2017 年	2018 年	2019 年	2020 年
北京	0.52	0.63	0.59	0.61	0.64
天津	0.34	0.19	0.20	0.18	0.21
河北	0.19	0.12	0.09	0.09	0.08
辽宁	0.15	0.24	0.31	0.27	0.33
上海	0.44	0.48	0.53	0.49	0.45
江苏	0.26	0.19	0.22	0.16	0.16
浙江	0.12	0.13	0.12	0.11	0.13
福建	0.21	0.27	0.27	0.25	0.24
山东	0.23	0.21	0.12	0.13	0.17
广东	0.27	0.26	0.25	0.11	0.22
海南	-0.04	-0.32	-0.51	-0.03	0.08

资料来源：笔者自制。

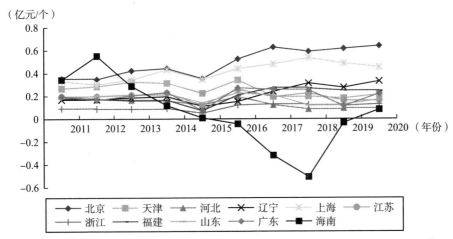

图 2-8　东部地区近十年高端装备制造业平均利润

资料来源：笔者自制。

从整体来看，东部地区的大部分省份高端装备制造业平均利润基本位于 0.1~0.4 亿元，波动幅度较小，处于一个较为稳定的状态，该现象说明东部地区大部分省份的高端装备制造业与其他行业的竞争趋于稳定，全行业的平均利润率早已形成。

北京、上海的高端装备制造业平均利润总额逐年提升，2020 年北京、上海的平均利润额占据东部地区的首位和第二位；天津、河北、辽宁、江苏、浙江、福建、山东以及广东的高端装备制造业平均利润总额在 0.08~0.34 亿元浮动，表明这些省份的高端装备制造业虽然一直在发展，但对于打破全行业的原有剩余价值分配却仍旧心有余而力不足；而海南在 2012 年平均利润上升至 0.55 亿元，随后逐年下降，在 2015 年后转为负平均利润，在 2018 年降至最低点 -0.51 亿元，此后逐年上升。推测该现象产生的原因为 2012 年前后劳动成本大幅上涨，且海南自身的制造业基础较为薄弱，劳动力优势不再明显，而 2018 年海南的制造业投资额大幅增长，装备制造业等重点行业实现高速增长。

二、中部地区高端装备制造业发展现状分析

中部地区共有 8 个省份，分别是山西省、吉林省、黑龙江省、安徽省、江西省、河南省、湖北省和湖南省。本节将从企业数量、资产总计、流动资产合计、负债合计、营业收入、利润总额、平均收入、平均利润 8 个指标对中部地区高端装备制造业发展进行分析。

（一）企业数量分析

中部地区近十年高端装备制造业企业数量如表 2-41 所示，根据统计数据绘制成折线统计图，如图 2-9 所示，以便更好地研究各省份的企业数量情况。由表中数据可得，由于中部地区产业研发能力、国际化能力不足，管理体系不够健全，中部地区高端装备制造业发展并不均衡，企业数量在 5 000 个以下。湖南、江西的高端装备制造业规模一直处于增长状态，湖南的企业数量增长速度高于其他省份。安徽、河南、黑龙江三个省份在 2016～2019 年的高端装备制造业企业数量有所下降，但在 2020 年有所好转。

表 2-41　　　　　中部地区近十年高端装备制造业企业数量　　　　单位：个

省份	2011 年	2012 年	2013 年	2014 年	2015 年	2016 年	2017 年	2018 年	2019 年	2020 年
山西	519	431	438	425	422	386	449	452	602	657
吉林	1 034	1 036	1 060	1 058	1 157	1 232	1 225	1 220	755	781
黑龙江	512	576	631	607	549	486	461	411	433	454
安徽	3 310	3 639	4 062	4 491	4 850	5 145	5 014	4 977	4 780	5 109
江西	1 088	1 118	1 259	1 407	1 663	1 879	2 233	2 273	2 590	2 893
河南	3 540	3 565	3 949	4 423	4 700	4 898	4 679	4 491	4 204	4 158
湖北	2 659	2 903	3 564	3 902	4 032	4 071	4 030	4 183	4 293	4 381
湖南	2 272	2 310	2 559	2 709	2 850	2 990	3 241	3 480	3 700	4 107

资料来源：笔者自制。

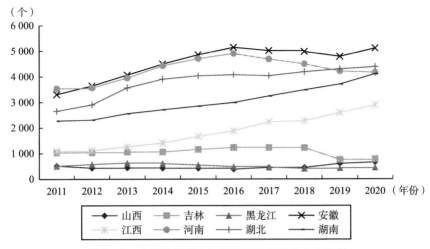

图 2-9 中部地区近十年高端装备制造业企业数量

资料来源：笔者自制。

(二) 资产总计分析

中部地区近十年高端装备制造业资产总计如表 2-42 所示，根据统计数据绘制成折线统计图，如图 2-10 所示，以便更好地研究各省份的资产总计情况。中部地区近十年的高端装备制造业资产总计总体上呈先增加后降低的趋势，和东部地区的相似之处在于 2020 年大多数省份出现资产总计下降，仅有安徽省和江西省出现增长，但增长幅度较小，分别为 978.80 亿元和 1 052.89 亿元，同比增长 6.61% 和 13.48%。中部地区各省份之间的高端装备制造业资产总计差距较小，与地区经济发展水平有一定关系。黑龙江省和山西省资产总计数目相近，2020 年黑龙江省在中部地区的资产总计中所占比例最低。

表 2-42 　　　　　　　　中部地区近十年高端装备制造业资产总计 　　　　　　　单位：亿元

省份	2011 年	2012 年	2013 年	2014 年	2015 年
山西	1 622.36	1 686.67	1 263.91	2 110.21	2 128.82
吉林	3 610.51	4 358.33	4 753.64	5 357.52	6 069.81
黑龙江	1 962.25	2 124.57	1 713.18	2 479.62	2 602.17

续表

省份	2011 年	2012 年	2013 年	2014 年	2015 年
安徽	5 327. 69	6 443. 14	6 889. 42	8 703. 32	9 857. 07
江西	2 030. 62	2 323. 94	2 749. 47	3 209. 62	4 076. 30
河南	4 930. 21	6 595. 52	7 108. 38	10 434. 73	12 142. 92
湖北	7 638. 82	8 635. 03	9 139. 38	10 651. 60	12 123. 42
湖南	4 506. 62	6 058. 02	4 310. 75	7 544. 97	8 199. 69
省份	2016 年	2017 年	2018 年	2019 年	2020 年
山西	2 404. 33	2 851. 46	2 997. 05	4 328. 09	3 591. 54
吉林	6 598. 57	7 208. 47	6 922. 40	8 021. 28	7 796. 51
黑龙江	2 164. 37	1 147. 47	2 256. 95	3 307. 86	2 347. 77
安徽	11 106. 00	12 201. 84	12 648. 44	14 812. 50	15 791. 30
江西	5 159. 00	5 994. 17	7 547. 73	7 808. 84	8 861. 73
河南	14 311. 66	15 011. 07	13 651. 37	14 597. 83	12 739. 59
湖北	13 605. 94	14 066. 93	15 686. 29	18 616. 73	17 969. 61
湖南	8 894. 67	9 727. 11	10 455. 48	18 230. 35	13 221. 96

资料来源：笔者自制。

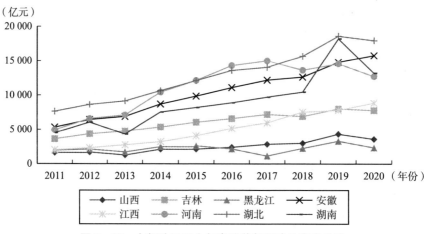

图 2 - 10　中部地区近十年高端装备制造业资产总计

资料来源：笔者自制。

（三）流动资产分析

中部地区的流动资产如表 2-43 所示，根据统计数据绘制成折线统计图，如图 2-11 所示，以便更好地研究各年份该行业的流动资产情况。从表中可以看出，江西、安徽、湖南、山西的流动资产增长趋势明显，年平均增长率分别为 17%、12.94%、12.32%、9.64%。截至 2020 年，湖北和安徽在流动资产总计中突破 10 000 亿元，位于中部地区前列。黑龙江省的流动资产数额在中部地区显示为较差，2011～2020 年年平均增长率仅为 1.74%。

表 2-43　　　　　　中部地区近十年高端装备制造业流动资产　　　单位：亿元

省份	2011 年	2012 年	2013 年	2014 年	2015 年
山西	1 048.41	1 133.54	1 164.47	1 383.54	1 421.77
吉林	2 205.87	2 487.75	3 085.01	3 284.30	3 643.45
黑龙江	1 361.80	1 462.79	1 538.25	1 638.15	1 681.40
安徽	2 991.59	3 600.05	4 299.83	5 052.09	5 805.92
江西	1 080.34	1 237.90	1 526.45	1 714.45	2 076.02
河南	2 843.79	3 972.62	5 074.42	6 087.12	7 209.98
湖北	4 412.01	5 218.36	5 745.78	6 206.67	7 072.41
湖南	2 602.89	3 414.89	3 991.57	4 473.38	4 930.18
省份	2016 年	2017 年	2018 年	2019 年	2020 年
山西	1 712.36	2 058.61	2 177.43	2 586.84	2 630.78
吉林	3 869.93	4 387.49	4 234.64	4 435.34	3 814.99
黑龙江	1 433.31	1 645.66	1 526.69	1 524.41	1 618.20
安徽	6 749.20	7 472.44	7 628.00	8 760.80	10 105.55
江西	2 727.57	3 463.04	4 359.42	4 753.73	5 194.34
河南	8 691.96	9 069.39	8 681.19	8 534.05	8 441.82
湖北	8 062.43	8 639.85	9 275.12	9 591.64	10 679.65
湖南	5 351.54	5 925.50	6 358.95	6 986.56	8 321.14

资料来源：笔者自制。

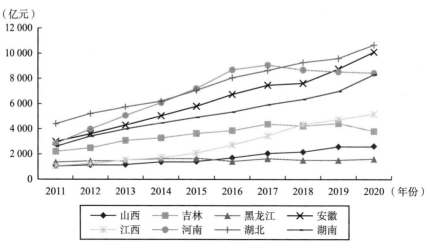

图 2-11 中部地区近十年高端装备制造业流动资产

资料来源：笔者自制。

（四）负债合计分析

负债作为企业财务结构的重大组成部分，不仅和风险有关系，还和企业的收益、战略、经营紧密相关。中部地区近十年的负债情况如表 2-44 所示，为了更好地体现变化情况，绘制成折线统计图，如图 2-12 所示。

表 2-44   中部地区近十年高端装备制造业负债合计   单位：亿元

省份	2011 年	2012 年	2013 年	2014 年	2015 年
山西	1 109.94	1 206.66	1 273.64	1 494.83	854.68
吉林	1 940.29	2 199.56	2 682.52	2 719.97	3 049.21
黑龙江	1 288.37	1 405.92	1 490.78	1 626.18	1 449.40
安徽	3 041.75	3 683.28	4 278.90	5 009.73	2 891.27
江西	1 133.45	1 272.57	1 601.02	1 715.31	891.51
河南	2 512.58	3 435.53	4 237.87	5 147.44	2 872.85
湖北	4 470.49	4 984.78	5 557.94	6 002.62	5 054.15
湖南	2 572.56	3 322.54	3 798.04	4 295.62	3 491.59
省份	2016 年	2017 年	2018 年	2019 年	2020 年
山西	932.60	2 012.13	2 090.62	2 424.11	2 346.56

续表

省份	2016 年	2017 年	2018 年	2019 年	2020 年
吉林	2 973.81	3 834.52	3 773.75	4 077.33	3 338.87
黑龙江	1 214.46	1 183.95	1 450.85	1 387.91	1 381.46
安徽	3 275.03	7 065.16	7 354.61	8 419.27	9 662.86
江西	1 132.26	3 364.11	4 433.94	4 764.15	5 203.82
河南	3 023.86	7 956.81	8 117.19	7 647.76	7 529.99
湖北	5 535.90	7 822.35	8 473.73	9 085.22	9 958.97
湖南	3 809.94	5 329.03	5 997.42	6 500.22	7 525.96

资料来源：笔者自制。

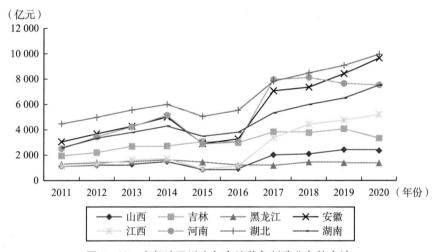

图 2-12　中部地区近十年高端装备制造业负债合计

资料来源：笔者自制。

从近十年总体情况来看，2011~2014 年，中部地区负债总值由 18 069.43 亿元上涨到 28 011.70 亿元，增长了 9 942.27 亿元，2015 年负债总计出现回落，为 20 554.7 亿元，比上一年下降了 26.62%，在后续五年中，负债总计开始上涨，年均增长率为 16.48%。

从各省份数据来看，湖北省在高端装备制造业企业负债合计指标上领先于其他中部省份，且从 2016 年开始，负债总额连年增长，5 年内增加了 79.9%。

河南省和吉林省在 2020 年负债合计出现下降，下降幅度分别为 117.78 亿元和 738.47 亿元，山西省 2020 年负债也出现了些许下滑。黑龙江省的负债总额保持平稳，数值在 1 300 亿元左右。

（五）营业收入分析

中部地区近十年高端装备制造业营业收入如表 2-45 所示，为了更好地体现变化情况，绘制成折线统计图，如图 2-13 所示。

表 2-45　　　　　中部地区近十年高端装备制造业营业收入　　　　单位：亿元

省份	2011 年	2012 年	2013 年	2014 年	2015 年
山西	1 232.37	1 317.66	1 385.80	1 513.37	741.99
吉林	5 992.88	7 310.16	8 200.15	8 981.54	7 888.45
黑龙江	1 225.43	1 246.69	1 303.83	1 361.09	1 230.87
安徽	6 977.28	8 102.05	9 620.69	11 116.38	10 486.30
江西	3 333.50	4 128.95	5 110.87	5 984.40	5 390.25
河南	8 479.17	9 889.75	12 297.13	14 684.84	13 495.81
湖北	7 349.95	7 882.13	9 860.15	11 102.68	10 148.06
湖南	6 256.19	7 076.04	8 271.05	8 948.42	8 105.58
省份	2016 年	2017 年	2018 年	2019 年	2020 年
山西	1 479.57	1 881.73	2 162.88	2 384.22	2 384.22
吉林	8 675.77	8 703.32	8 111.43	7 537.03	7 537.03
黑龙江	1 104.14	820.82	1 084.86	1 425.97	1 425.97
安徽	14 000.83	14 249.07	11 840.56	12 925.33	12 925.33
江西	7 878.48	8 327.97	8 756.78	10 621.51	10 621.51
河南	19 082.80	19 717.60	13 209.08	12 588.28	12 588.28
湖北	13 447.34	14 355.48	14 801.73	13 882.42	13 882.42
湖南	11 010.84	11 257.07	9 747.48	11 892.62	11 892.62

资料来源：笔者自制。

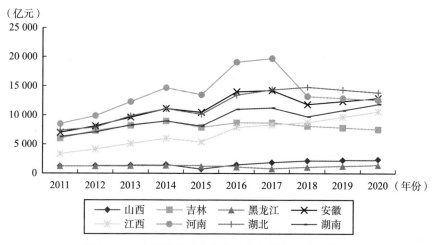

图 2 - 13　中部地区近十年高端装备制造业营业收入

资料来源：笔者自制。

从中部地区整体水平来看，高端装备制造业的整体营业收入以年均 6.02% 的速度在增加，2011 ~ 2014 年，从 40 846.77 亿元增加到 63 692.72 亿元，在 2015 年出现拐点，仅为 57 487.31 亿元，后续两年营业收入继续增长达到 79 313.07 亿元，2018 年比 2017 年降低了 9 598.27 亿元，2020 年中部地区总体营业收入为 73 257.38 亿元。

从各省份来看，河南省 2011 ~ 2017 年营业收入实现多年连续增加，始终位于中部地区营业收入总量首位，2018 ~ 2020 年开始下降。2018 年，湖北省营业收入总额为 14 801.73 亿元，以多于河南 1 592.65 亿元冲向中部地区营业收入总额第一。江西省的年均增长率达到了 12.29% ，说明近十年高端装备制造业发展迅速，企业规模不断增大。

（六）利润总额分析

中部地区 2011 ~ 2020 年高端装备制造业利润总额如表 2 - 46 所示，为了更好地体现变化情况，绘制成折线统计图，如图 2 - 14 所示。

从中部地区整体水平来看，高端装备制造业的整体利润总额增速有所增加，保持中等水平，2020 年达到 4 200.29 亿元，是 2011 年的 1.23 倍，前三年的增速保持在 6% ~ 11% ，2015 年利润总额最低，为 2 966.03 亿元，同比下降了 30.90% ，2016 年增加了 1 736.21 亿元，2017 年比 2016 年增加了 5.64% ，后续三年利润总额连续下降，分别降低了4.89%、10.66%和0.49%。

从各省利润总额情况来看，除了黑龙江省和山西省较为稳定，其他地区的利润总额均有波动，河南省近十年的利润总额在中部地区靠前，累计利润总额达9 047.728亿元，是山西省的14倍，说明河南地区的高端装备制造业企业发展不错，企业实现了飞速发展。湖北省高端装备制造业的发展速度处于中高水平，增速在9%～20%，2016年湖北省的利润总额数值猛涨，达到了922.68亿元。

表2-46　　　　中部地区近十年高端装备制造业利润总额　　　单位：亿元

省份	2011 年	2012 年	2013 年	2014 年	2015 年
山西	52.24	123.40	36.10	52.24	23.50
吉林	596.14	605.61	714.75	903.77	718.51
黑龙江	67.02	49.49	43.77	17.67	2.48
安徽	489.01	602.25	671.39	656.90	331.66
江西	220.52	290.66	355.77	427.55	186.80
河南	750.38	756.09	900.10	1 089.20	741.59
湖北	677.14	672.34	742.98	707.67	630.47
湖南	571.76	541.47	551.92	437.10	331.02
省份	2016 年	2017 年	2018 年	2019 年	2020 年
山西	38.73	69.51	86.76	68.45	95.90
吉林	726.51	677.31	654.24	642.14	518.49
黑龙江	-21.14	64.97	76.55	25.90	100.54
安徽	788.04	790.10	711.99	585.90	613.55
江西	539.97	540.82	495.29	460.08	556.85
河南	1 190.14	1 192.65	920.20	845.01	689.37
湖北	922.68	1 011.54	1 210.08	924.02	732.38
湖南	517.31	620.72	569.58	669.63	893.21

资料来源：笔者自制。

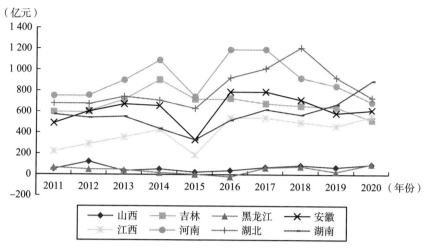

图2−14　中部地区近十年高端装备制造业利润总额

资料来源：笔者自制。

（七）平均收入分析

中部地区近十年高端装备制造业企业的平均收入统计如表2−47所示，根据统计数据绘制成折线统计图（见图2−15），以便更好地研究各省份的平均收入情况。

表2−47　　　　　　中部地区近十年高端装备制造业平均收入　　　　　单位：亿元

省份	2011 年	2012 年	2013 年	2014 年	2015 年
山西	2.37	3.06	3.16	3.56	1.76
吉林	5.80	7.06	7.74	8.49	6.82
黑龙江	2.39	2.16	2.07	2.24	2.24
安徽	2.11	2.23	2.37	2.48	2.16
江西	3.06	3.69	4.06	4.25	3.24
河南	2.40	2.77	3.11	3.32	2.87
湖北	2.76	2.72	2.77	2.85	2.52
湖南	2.75	3.06	3.23	3.30	2.84

省份	2016 年	2017 年	2018 年	2019 年	2020 年
山西	3.83	4.19	4.79	3.96	3.63
吉林	7.04	7.10	6.65	9.98	9.65
黑龙江	2.27	4.68	2.64	3.29	3.14
安徽	2.72	2.84	2.38	2.70	2.53
江西	4.19	3.73	3.85	4.10	3.67
河南	3.90	4.21	2.94	2.99	3.03
湖北	3.30	3.56	3.68	3.23	3.17
湖南	3.68	3.47	2.80	3.21	2.90

资料来源：笔者自制。

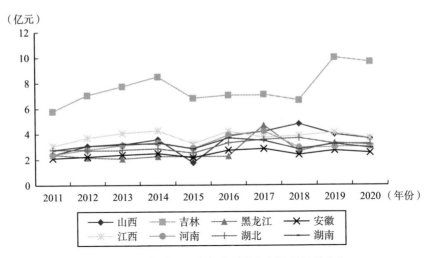

图 2 - 15　中部地区近十年高端装备制造业平均收入

资料来源：笔者自制。

　　从整体情况来看，中部地区的平均收入具有一定波动性，2011～2014 年平均收入持续增长，从 2011 年的 23.65 亿元增加到 30.49 亿元，2015 年受大环境影响，平均收入下降了 6.04 亿元，2016～2018 年继续增加，2018 年增加到 51.05 亿元，2019 年、2020 年平均收入继续下降。

　　从各省份来看，吉林省的变化规律尤为突出，2011～2015 年平均收入稳

定增长，2015 年平均收入有所下降，后续相对稳定，2019 年增速明显，达到
9.98 亿元，2020 年有所回落。其他省份比较稳定，山西省、黑龙江省、河南
省的平均收入在 2 亿 ~ 5 亿元变动，湖南省、湖北省在 2.5 亿 ~ 4 亿元变动，
安徽省在 2 亿 ~ 3 亿元变动。

（八）平均利润分析

中部地区近十年高端装备制造业平均利润如表 2 – 48 所示，为了更好地体
现变化情况，绘制成折线统计图，如图 2 – 16 所示。

表 2 – 48　　　　　　　　中部地区近十年高端装备制造业平均利润　　　　　单位：亿元/个

省份	2011 年	2012 年	2013 年	2014 年	2015 年
山西	0.10	0.29	0.08	0.12	0.06
吉林	0.58	0.58	0.67	0.85	0.62
黑龙江	0.13	0.09	0.07	0.03	0.00
安徽	0.15	0.17	0.17	0.15	0.07
江西	0.20	0.26	0.28	0.30	0.11
河南	0.21	0.21	0.23	0.25	0.16
湖北	0.25	0.23	0.21	0.18	0.16
湖南	0.25	0.23	0.22	0.16	0.12
省份	2016 年	2017 年	2018 年	2019 年	2020 年
山西	0.10	0.15	0.19	0.11	0.15
吉林	0.59	0.55	0.54	0.85	0.66
黑龙江	– 0.04	1.07	0.19	0.06	0.22
安徽	0.15	0.16	0.14	0.12	0.12
江西	0.29	0.24	0.22	0.18	0.19
河南	0.24	0.25	0.20	0.20	0.17
湖北	0.23	0.25	2.04	0.22	0.17
湖南	0.17	0.19	0.16	0.18	0.22

资料来源：笔者自制。

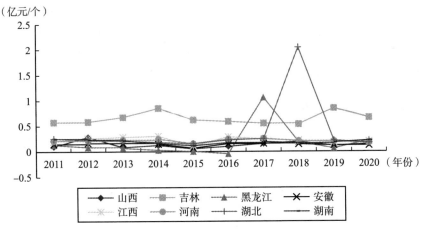

图 2-16 中部地区近十年高端装备制造业平均利润

资料来源：笔者自制。

从整体来看，中部地区大部分省份高端装备制造业平均利润基本位于 0.1 亿 ~ 0.3 亿元，与东部地区的整体态势相类似，说明中部地区大部分省份全行业竞争局面已然形成，高端装备制造业竞争也不例外。

分省份来看，吉林省的高端装备制造业平均利润一直处于中部地区的高水平，在 0.5 亿 ~ 0.9 亿元范围内波动，表明吉林承继老工业基地传统优势，紧抓产业转型升级机遇，其高端装备制造业正以全力奔跑的姿态，夯实高质量发展根基，为振兴发展提供强劲动力；黑龙江省的高端装备制造业平均利润水平在 2011 ~ 2016 年从 0.13 亿元逐年下降到 - 0.04 亿元，2017 年增至 1.07 亿元，2018 年、2019 年、2020 年则稳定波动，推测现该现象的原因是 2011 年后黑龙江省的高端装备制造业虽不断发展，但由于全球通货膨胀所带来的制造业原材料价格不断上涨和当地资源的进一步枯竭，导致平均利润不断下降，2017 年制造业产业结构调整和转型升级有了突破式进展，2018 年、2019 年、2020 年则回归稳定、稳中求进；湖北省高端装备制造业平均利润整体稳定在 0.2 亿元上下，2018 年增至 2.04 亿元，推测可能是湖北省的制造业投资额高速增长、高技术专利爆发等一系列原因使高端装备制造业平均利润增长。

三、西部地区高端装备制造业发展现状分析

西部地区包括内蒙古自治区、广西壮族自治区、重庆市、四川省、贵州

省、云南省、陕西省、甘肃省、青海省、宁夏回族自治区、新疆维吾尔自治区。本节将从企业数量、资产总计、流动资产合计、负债合计、营业收入、利润总额、平均收入、平均利润8个指标数据对西部高端装备制造业发展现状进行分析。

（一）企业数量分析

西部地区近十年高端装备制造业企业数量如表2-49所示，为了更好地体现变化情况，绘制成折线统计图，如图2-17所示。

西部地区高端装备制造业整体处于低水平状态，各省企业数量在3 600个以下。高端装备制造业企业规模发展较为先进的是重庆市和四川省，近十年的企业数量高于西部其他地区。内蒙古自治区的高端装备制造业正在逐年减少，从2011年的320个缩减为2020年的166个。甘肃省、陕西省、宁夏回族自治区2020年高端装备制造业企业数量环比增长分别为31.5%、25.83%和22.09%，增速较快。贵州省2018年、2019年、2020年高端装备制造业企业数量分别为710个、631个、448个，2020年环比增长为-29%。青海的企业数量在2012~2016年稳定增加，2016~2018年稳定在41家，2020年有所减少。

表2-49				西部地区近十年高端装备制造业企业数量					单位：个	
省份	2011年	2012年	2013年	2014年	2015年	2016年	2017年	2018年	2019年	2020年
内蒙古	320	293	316	325	324	310	166	166	164	166
广西	871	858	893	881	916	897	931	971	977	1 097
重庆	1 757	1 274	2 031	2 330	2 541	2 730	2 784	2 709	2 827	2 946
四川	2 527	2 553	2 729	2 863	2 953	3 123	3 187	3 198	3 389	3 568
贵州	170	411	221	284	363	577	688	710	631	448
云南	200	223	245	253	259	283	304	328	348	366
陕西	728	800	835	972	1 045	1 134	1 185	1 235	1 146	1 442
甘肃	149	158	176	168	171	175	151	149	127	167
青海	23	21	28	32	35	41	41	41	67	33
宁夏	69	83	109	123	131	117	105	106	86	105
新疆	17	18	20	21	23	25	24	32	33	34

资料来源：笔者自制。

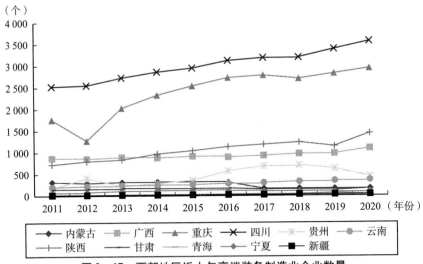

（个）

图 2 - 17　西部地区近十年高端装备制造业企业数量

资料来源：笔者自制。

（二）资产总计分析

西部地区近十年高端装备制造业企业资产总计如表 2 - 50 所示，根据统计数据绘制成折线统计图（见图 2 - 18），以便更好地研究各省份的资产情况。

表 2 - 50　　　　　西部地区近十年高端装备制造业资产总计　　　　单位：亿元

省份	2011 年	2012 年	2013 年	2014 年	2015 年
内蒙古	969.22	752.14	858.30	1 111.92	1 173.28
广西	2 019.63	2 252.49	2 226.74	2 888.49	3 117.90
重庆	3 673.19	4 374.39	5 532.90	6 596.85	8 059.11
四川	6 247.90	6 997.38	7 980.05	8 807.26	9 101.92
贵州	493.13	562.34	556.22	917.47	1 470.13
云南	444.15	505.08	484.46	588.26	638.78
陕西	3 680.74	3 861.67	3 839.44	5 191.69	5 239.09
甘肃	427.78	494.19	472.66	704.26	740.71
青海	52.89	65.43	75.21	104.76	205.13
宁夏	176.19	186.13	161.03	232.05	123.64
新疆	666.53	716.12	804.70	1 030.77	1 196.63

续表

省份	2016 年	2017 年	2018 年	2019 年	2020 年
内蒙古	1 370.97	1 503.62	1 503.62	900.07	898.63
广西	3 435.17	3 741.09	3 470.65	4 668.79	3 985.11
重庆	9 831.91	9 750.30	9 997.78	12 002.42	11 665.39
四川	10 207.12	11 231.84	13 183.35	16 831.09	15 374.00
贵州	1 282.32	1 517.25	1 533.56	1 578.65	1 635.34
云南	734.02	839.89	1 076.60	1 385.47	1 345.11
陕西	6 443.62	5 167.68	7 421.40	9 358.97	9 654.03
甘肃	943.16	846.23	890.36	1 246.30	1 093.96
青海	167.77	180.13	305.01	227.13	312.61
宁夏	262.15	279.34	451.96	530.00	585.24
新疆	1 271.85	125.48	1 151.55	410.57	1 880.36

资料来源：笔者自制。

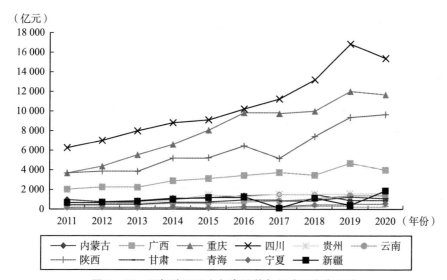

图 2－18　西部地区近十年高端装备制造业资产总计

资料来源：笔者自制。

从整体来看，西部地区产业配套能力薄弱，高端装备制造业资产总计前四名分别为：四川省、重庆市、陕西省和广西壮族自治区，其余省份资产总计金额相近。但从同比增长率来看，前四名分别是新疆维吾尔自治区、青海省、宁夏回族自治区和贵州省。新疆高端装备制造业的资产总计近五年有一定的波动性，说明新疆的高端装备制造业还处在初期阶段，发展尚未平稳。受 2020 年新冠肺炎疫情的影响，四川省 2020 年高端装备制造业中的资产总计金额同比下降 8.66%，重庆市高端装备制造业资产总计较 2019 年减少 14.64%，广西壮族自治区同比下降 14.64%，甘肃省同比下降 12.22%，云南省同比下降 2.91%。

（三）流动资产分析

西部地区近十年的高端装备制造业流动资产统计情况如表 2-51 所示。根据统计数据绘制成折线统计图，如图 2-19，以便更好地研究各地区的流动资产变化情况。西部地区的发展相对于其他地区较为缓慢，高端装备制造业的流动资产数额明显低于其他地区，但不影响西部地区自身高端装备制造业的进步。西部地区高端装备制造业的流动资产最多的是四川省，其次是重庆市，排在第三位的是陕西省。西部地区的总体的年均增长率为 9.48%，近十年的年平均增长率从高到低依次为青海（16.70%）、贵州（12.72%）、宁夏（12.53%）、重庆（12.05%）、云南（10.76%）、新疆（10.53%）、陕西（9.79%）、甘肃（8.79%）、四川（8.70%）、广西（7.65%）、内蒙古（-1.98%）。内蒙古在近十年的发展较差，年均增长率为负值，说明该地区高端装备制造业企业流动资产存在不足。另外，陕西省不同年份的流动资产数额波动较大，说明该地区的高端装备制造业企业在发展过程中存在企业生产经营受影响的情况。

表 2-51　　　　　**西部地区近十年高端装备制造业流动资产**　　　　单位：亿元

省份	2011 年	2012 年	2013 年	2014 年	2015 年
内蒙古	613.22	463.51	521.88	569.35	574.47
广西	1 351.26	1 470.43	1 723.86	1 853.17	1 987.13
重庆	2 335.17	2 738.54	3 361.05	3 925.15	4 708.70
四川	3 987.67	4 449.51	5 045.12	5 495.53	5 789.96
贵州	320.64	358.33	387.48	556.02	995.11
云南	287.07	315.39	372.72	383.40	400.43
陕西	2 310.27	2 395.35	2 696.19	2 937.41	3 203.57

续表

省份	2011 年	2012 年	2013 年	2014 年	2015 年
甘肃	257.52	286.28	345.23	395.08	471.69
青海	35.24	34.40	36.56	48.44	77.55
宁夏	117.16	117.06	132.40	151.16	163.73
新疆	404.20	440.37	504.93	619.82	741.78
省份	2016 年	2017 年	2018 年	2019 年	2020 年
内蒙古	654.27	751.76	651.75	476.50	501.85
广西	2 179.59	2 376.24	2 337.53	2 958.14	2 800.97
重庆	5 753.32	5 744.97	5 791.12	6 318.30	7 282.61
四川	6 284.09	7 250.13	8 108.78	8 207.43	9 184.20
贵州	816.24	975.64	1 031.29	1 046.58	1 061.87
云南	470.40	530.39	633.16	715.38	797.59
陕西	3 574.99	3 053.44	4 488.26	3 993.46	5 880.32
甘肃	537.95	482.82	503.60	543.58	597.90
青海	80.93	101.26	157.39	150.83	165.03
宁夏	174.93	180.66	294.44	332.68	381.52
新疆	726.51	66.71	619.68	890.28	1 100.05

资料来源：笔者自制。

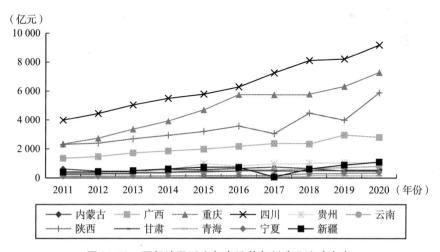

图 2 - 19　西部地区近十年高端装备制造业流动资产

资料来源：笔者自制。

（四）负债合计分析

负债作为企业财务结构的重大组成部分，不仅和风险有关系，还和企业的收益、战略、经营紧密相关。中部地区近十年的负债情况如表 2 - 52 所示，为了更好地体现变化情况，绘制成折线统计图，如图 2 - 20 所示。从近十年总体情况来看，2011 ~ 2014 年，西部地区负债总值由 11 645.99 亿元上涨到 17 585.12 亿元，增长了 5 939.13 亿元，2015 年负债总计出现回落，为 11 956.75 亿元，比上一年下降了 32%，在后续五年中，负债总计开始上涨，年均增长率为 16.8%。从各省份 2020 年的数据看，四川的负债金额最多，其次是重庆；除了陕西省较上年负债有所减少，其余省份均保持增长。

表 2 - 52　　　　　　西部地区近十年高端装备制造业负债合计　　　　单位：亿元

省份	2011 年	2012 年	2013 年	2014 年	2015 年
内蒙古	658.14	508.37	584.10	700.14	526.77
广西	1 314.73	1 446.33	1 728.73	1 801.46	1 645.54
重庆	2 229.40	2 784.82	3 760.46	4 242.53	3 657.29
四川	3 998.54	4 437.65	5 314.38	5 690.34	3 043.49
贵州	301.21	334.92	437.45	591.07	537.29
云南	263.57	309.22	331.95	327.28	232.89
陕西	2 135.19	2 235.56	2 536.58	2 979.99	1 845.34
甘肃	257.70	292.38	355.59	428.64	257.69
青海	34.18	37.46	42.75	59.54	66.30
宁夏	103.76	103.57	116.01	129.94	72.16
新疆	349.57	402.41	501.44	634.19	71.99
省份	2016 年	2017 年	2018 年	2019 年	2020 年
内蒙古	534.52	1 007.49	1 007.49	594.00	610.77
广西	1 746.04	2 034.33	2 322.61	2 982.88	2 640.69
重庆	4 233.85	5 951.48	6 058.69	6 499.68	7 257.88
四川	3 170.57	6 767.96	7 991.18	8 186.36	9 703.17
贵州	559.99	754.02	948.04	950.04	952.04

续表

省份	2016 年	2017 年	2018 年	2019 年	2020 年
云南	269.91	471.34	617.57	708.42	783.53
陕西	2 447.76	2 636.90	3 978.02	3 516.99	5 344.20
甘肃	404.02	524.14	581.94	612.37	659.10
青海	32.04	119.26	206.49	207.89	193.93
宁夏	94.28	144.70	232.30	257.11	264.87
新疆	87.91	739.90	737.18	879.61	1 111.39

资料来源：笔者自制。

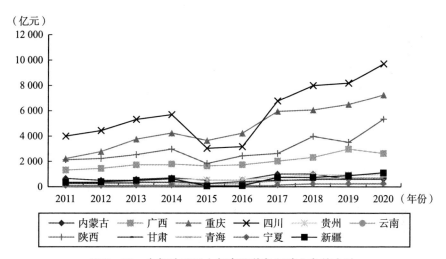

图 2 - 20　中部地区近十年高端装备制造业负债合计

资料来源：笔者自制。

（五）营业收入分析

西部地区近十年高端装备制造业营业收入如表 2 - 53 所示，为了更好地体现变化情况，绘制成折线统计图，如图 2 - 21 所示。

从总体水平来看，西部地区近十年的营业收入总额具有波动性，2011 ~ 2014 年连续增长，从 20 941.28 亿元增长到了 32 329.11 亿元，2015 年减少了 6 646 亿元，2016 年、2017 年营业收入分别较去年增加了 13 903.53 亿元和 277.77 亿元，2018 年营业收入出现了小幅缩减，2019 年和 2020 年继续上升。

表 2 - 53　　　　　　　西部地区近十年高端装备制造业营业收入　　　　单位：亿元

省份	2011 年	2012 年	2013 年	2014 年	2015 年
内蒙古	1 068.36	915.03	1 023.32	977.73	954.81
广西	2 825.55	3 235.54	3 940.06	4 541.76	4 081.39
重庆	5 492.84	6 356.07	8 041.99	10 125.89	8 209.37
四川	7 192.22	7 960.94	10 001.34	10 757.34	7 234.09
贵州	352.20	434.10	520.53	755.02	768.47
云南	401.67	419.20	487.09	501.94	492.10
陕西	2 770.49	2 745.18	3 219.69	3 618.08	2 788.65
甘肃	350.98	369.85	358.41	329.00	281.10
青海	38.15	40.81	50.97	78.67	127.51
宁夏	138.75	134.95	136.54	152.62	130.33
新疆	310.07	336.17	481.64	491.06	615.29
省份	2016 年	2017 年	2018 年	2019 年	2020 年
内蒙古	998.01	694.36	694.36	656.67	618.98
广西	5 996.31	6 346.35	4 336.37	4 155.91	3 975.45
重庆	13 337.42	11 988.10	11 531.67	12 296.46	13 061.25
四川	12 261.41	12 892.12	12 700.02	13 596.30	14 492.58
贵州	1 318.51	1 554.19	1 367.43	1 257.68	1 147.92
云南	661.52	788.20	970.18	1 142.34	1 314.50
陕西	3 827.38	4 517.06	5 743.28	6 259.82	6 776.36
甘肃	311.77	325.10	322.86	392.28	461.69
青海	104.66	95.51	136.22	144.19	152.15
宁夏	197.25	163.47	268.43	337.32	406.21
新疆	572.40	499.95	477.99	711.00	944.01

资料来源：笔者自制。

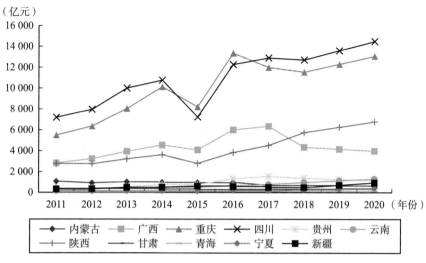

图 2－21 西部地区近十年高端装备制造业营业收入

资料来源：笔者自制。

从各省份的营业收入统计情况来看，四川省和重庆市的营业收入水平相对接近，年度营业收入的变化情况较为相似，年平均增长分别为 730.036 亿元和 756.841 亿元。广西壮族自治区在 2011～2017 年的营业收入变化情况与西部地区总体走向相同，但在 2018 年营业收入出现下跌，2018～2020 年连续出现负增长，广西壮族自治区的高端装备制造业企业规模下跌，企业续存能力有所下降。陕西省在近五年内年平均增长率为 12.10%。贵州省、云南省、甘肃省、新疆维吾尔自治区的营业收入金额接近，总体发展较为平稳，没有出现较大的营业收入波动。青海地区的高端装备制造业发展情况不如其他地区，但是也在逐年增长。

（六）利润总额分析

西部地区近十年高端装备制造业利润总额如表 2－54 所示，为了更好地体现变化情况，绘制成折线统计图，如图 2－22 所示。

从总体水平来看，西部地区近十年的利润总额波动较大，2011～2014 年利润总额持续上涨，三年增加了 693.2 亿元，2015 年利润总额下降了 30.56%，为 1 385.12 亿元。2016 年和 2017 年涨势回升，但由于行业竞争压力以及制造业产业结构调整和转型升级，2018 年利润总额开始下跌，2020 年继续回升，总体水平不稳定。

表2-54 西部地区近十年高端装备制造业利润总额 单位：亿元

省份	2011年	2012年	2013年	2014年	2015年
内蒙古	47.14	41.81	52.20	27.93	-3.63
广西	233.21	251.82	258.79	287.13	162.01
重庆	300.35	315.00	479.30	672.15	657.05
四川	463.62	557.72	685.63	686.34	422.48
贵州	16.10	19.73	10.53	30.19	25.04
云南	27.21	24.09	27.52	26.66	20.42
陕西	142.67	131.41	165.55	188.07	86.06
甘肃	18.40	16.82	12.49	17.32	9.78
青海	1.29	0.36	1.46	1.59	1.41
宁夏	11.97	14.50	11.22	12.28	5.21
新疆	39.63	34.80	45.21	45.13	-0.71
省份	2016年	2017年	2018年	2019年	2020年
内蒙古	24.58	-8.79	-8.79	-0.68	6.42
广西	406.29	436.75	210.61	218.50	144.82
重庆	988.73	838.21	565.61	422.47	667.76
四川	731.61	889.06	682.69	544.95	639.84
贵州	48.41	54.35	52.76	46.12	56.01
云南	39.30	54.31	79.63	78.45	118.45
陕西	278.04	331.59	407.37	278.46	432.15
甘肃	17.03	9.89	-6.84	17.78	16.67
青海	5.21	8.10	8.45	-0.30	6.75
宁夏	7.78	10.08	17.16	31.66	54.87
新疆	60.80	30.62	20.12	38.95	49.23

资料来源：笔者自制。

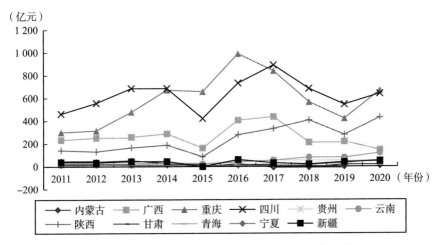

图 2－22　西部地区近十年高端装备制造业利润总额

资料来源：笔者自制。

从各省份来看，四川省和重庆市的高端装备制造业利润总体水平在西部地区排名前列，四川省 2020 年同比增速高于 50%，重点产业得到发展。广西和陕西的利润总额水平相差不明显，前期走势相同，到 2018 年陕西省利润总额赶超广西壮族自治区，2020 年陕西省高端装备制造业继续进步。贵州、云南、青海、宁夏、新疆等地区的高端装备制造业发展较为缓慢，年平均增长率在 2%～9%，甘肃省高端装备制造业的盈利水平并不理想，年均增长率出现负增长，仅为－0.98%。

（七）平均收入分析

西部地区近十年高端装备制造业企业的平均收入统计如表 2－55 所示，根据统计数据绘制成折线统计图，如图 2－23 所示，以便更好地研究各省份的平均收入情况。

由于西部地区的产业研发能力不强、产业配套能力薄弱等原因，西部地区高端装备制造业的发展存在瓶颈，近十年的平均收入在 40 亿～70 亿元，总体呈增长势态，主要原因是国家对发展西部的大力支持以及交通、航天航空等产业的重点发展带动了西部地区的发展，截止到 2020 年，西部地区高端装备制造业整体平均收入达到 65.71 亿元。

从各省份来看，新疆的平均收入最高，大部分高端装备制造业是国家控股管理的企业，在企业数量少、营业收入稳定的情况下，新疆的平均收入拉高了西部地区的总体平均收入。西部的其他省份平均收入相差不多，且增加较慢。

表 2 - 55 　　　　　西部地区近十年高端装备制造业平均收入　　　　单位：亿元/个

省份	2011 年	2012 年	2013 年	2014 年	2015 年
内蒙古	3.34	3.12	3.24	3.01	2.95
广西	3.24	3.77	4.41	5.16	4.46
重庆	3.13	4.99	3.96	4.35	3.23
四川	2.85	3.12	3.66	3.76	2.45
贵州	2.07	1.06	2.36	2.66	2.12
云南	2.01	1.88	1.99	1.98	1.90
陕西	3.81	3.43	3.86	3.72	2.67
甘肃	2.36	2.34	2.04	1.96	1.64
青海	1.66	1.94	1.82	2.46	3.64
宁夏	2.01	1.63	1.25	1.24	0.99
新疆	18.24	18.68	24.08	23.38	26.75
省份	2016 年	2017 年	2018 年	2019 年	2020 年
内蒙古	3.22	4.18	4.18	3.77	3.73
广西	6.68	6.82	4.47	4.07	3.62
重庆	4.89	4.31	4.26	4.62	4.43
四川	3.93	4.05	3.97	4.28	4.06
贵州	2.29	2.26	1.93	1.82	2.56
云南	2.34	2.59	2.96	3.78	3.59
陕西	3.38	3.81	4.65	5.56	4.70
甘肃	1.78	2.15	2.17	3.16	2.76
青海	2.55	2.33	3.32	3.20	4.61
宁夏	1.69	1.56	2.53	4.01	3.87
新疆	22.90	20.83	14.94	28.44	27.77

资料来源：笔者自制。

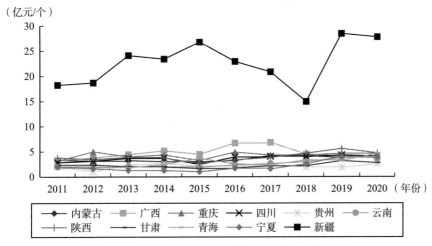

图 2 - 23　西部地区近十年高端装备制造业平均收入

资料来源：笔者自制。

（八）平均利润分析

西部地区近十年高端装备制造业平均利润如表 2 - 56 所示，为了更好地体现变化情况，绘制成折线统计图，如图 2 - 24 所示。

表 2 - 56　　　　　西部地区近十年高端装备制造业平均利润　　　　单位：亿元/个

省份	2011 年	2012 年	2013 年	2014 年	2015 年
内蒙古	0.15	0.14	0.17	0.09	- 0.01
广西	0.27	0.29	0.29	0.33	0.18
重庆	0.17	0.25	0.24	0.29	0.26
四川	0.18	0.22	0.25	0.24	0.14
贵州	0.09	0.05	0.05	0.11	0.07
云南	0.14	0.11	0.11	0.11	0.08
陕西	0.20	0.16	0.20	0.19	0.08
甘肃	0.12	0.11	0.07	0.10	0.06
青海	0.06	0.02	0.05	0.05	0.04
宁夏	0.17	0.17	0.10	0.10	0.04
新疆	2.33	1.93	2.26	2.15	- 0.03

续表

省份	2016 年	2017 年	2018 年	2019 年	2020 年
内蒙古	0.08	−0.05	−0.05	0.00	0.04
广西	0.45	0.47	0.22	0.22	0.13
重庆	0.36	0.30	0.21	0.15	0.23
四川	0.23	0.28	0.21	0.16	0.18
贵州	0.08	0.08	0.07	0.07	0.13
云南	0.14	0.18	0.24	0.23	0.32
陕西	0.25	0.28	0.33	0.24	0.30
甘肃	0.10	0.07	−0.05	0.14	0.10
青海	0.13	0.20	0.21	0.00	0.20
宁夏	0.07	0.10	0.16	0.37	0.52
新疆	2.43	1.28	0.63	1.18	1.45

资料来源：笔者自制。

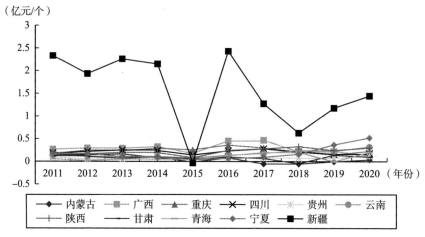

图 2 - 24　西部地区近十年高端装备制造业平均利润
资料来源：笔者自制。

从整体来看，西部地区的高端装备制造业平均利润水平与东部地区、中部地区相比稳定性更强，大部分省份的平均利润水平稳定在 0 ~ 0.5 亿元，出现该情况的原因与东部地区、中部地区大体一致，符合中国高端装备制造业产业现状。

分省份来看，除新疆外，其他省份的高端装备制造业平均利润水平相对稳定，大体符合各省份的高端装备制造业产业发展现状；2011～2014年新疆高端装备制造业平均利润水平均在 1.9 亿元以上，处于西部地区前列，四年间新疆的重点产业得到加速发展，制造业投资增速强劲；2015 年新疆的高端装备制造业平均利润额跌至 -0.03 亿元，其原因是当年新疆发生多起安全生产事故、恐怖袭击事件，造成产业发展低迷；2016 年新疆高端装备制造业平均利润恢复到 2011～2014 年的水平，随后 2017～2020 年增速稳定，一方面政府颁布了多项刺激新疆产业发展的政策，使高端装备制造业发展回升，另一方面机遇与挑战并存，资源和区位优势等为新疆产业拓宽了发展空间，但仍需慢慢探索前进。

第三章

中国高端装备制造业技术
创新现状分析

第一节　高端装备制造业细分行业
技术创新现状分析

借鉴黄鲁成教授对高端装备制造业内涵的界定，建立其细分行业集合 C = {C1, …, C4} = {C′34 + C′35, C′36 + C′37, C′38, C′39}。其中，C′34 到 C′39 为国标 GB/T 4754—2017 中制造业第 34 大类到第 39 大类。得 C1（通用、专用设备制造业）、C2（汽车、铁路、船舶、航空航天和其他运输设备制造业）、C3（电气机械和器材制造业）、C4（计算机、通信和其他电子设备制造业）。本节数据来源于 2001～2019 年《中国统计年鉴》和《中国科技统计年鉴》。

一、高端装备制造业细分行业技术创新投入现状

（一）高端装备制造业细分行业研究与开发人员投入现状

基于相关统计年鉴数据，对中国高端装备制造业各细分行业的研究与开发（Research and Development，R&D）人员数量进行统计分析，并揭示其发展规律。具体统计结果如表 3－1 所示。

表 3 - 1　　　　2000～2018 年高端装备制造业细分行业 R&D 人员投入　　　单位：人

年份	通用、专用 设备制造业	运输设备 制造业	电气机械和 器材制造业	计算机、通信和其他 电子设备制造业
2000	84 308	186 658	88 517	116 871
2001	20 182	61 365	23 660	55 637
2002	20 661	72 662	32 153	55 198
2003	31 149	15 726	17 804	27 368
2004	84 694	68 993	41 523	87 631
2005	82 239	83 618	43 371	111 486
2006	92 687	92 907	64 144	122 066
2007	110 996	112 912	70 910	170 923
2008	183 190	132 687	112 325	228 615
2009	297 951	197 976	194 660	296 136
2010	238 232	218 860	176 333	313 912
2011	394 426	286 920	265 703	376 172
2012	456 573	339 164	310 887	455 099
2013	506 842	390 671	340 031	476 612
2014	543 565	420 954	377 906	505 581
2015	527 072	434 288	380 990	518 675
2016	545 620	457 724	400 791	565 866
2017	547 004	473 825	426 243	628 592
2018	580 179	496 337	441 165	720 589

资料来源：笔者自制。

根据表 3 - 1，纵向看来，中国高端装备制造业各细分行业 R&D 人员数量在研究时段内均呈上升态势，其中计算机、通信和其他电子设备制造业 R&D 人员的增幅最大；汽车、铁路、船舶、航空航天和其他运输设备制造业 R&D 人员的上升幅度最小；通用、专用设备制造业以及电气机械和器材制造业 R&D 人员的增速保持稳定。横向看来，计算机、通信和其他电子设备制造业的 R&D 人员数量在中国高端装备制造业细分行业中最高；通用、专用设备制造业研发人员数量在 2008 年后呈快速增长态势。总体看来，中国高端装备制造业各细分行业的 R&D 人员投入发展势头良好，符合中国在科技创新领域后起追上的现实情形。

为了更好地揭示中国高端装备制造业各细分行业 R&D 人员投入现状的变化规律，生成中国高端装备制造业各细分行业 R&D 人员投入发展趋势图，如图 3-1 所示。

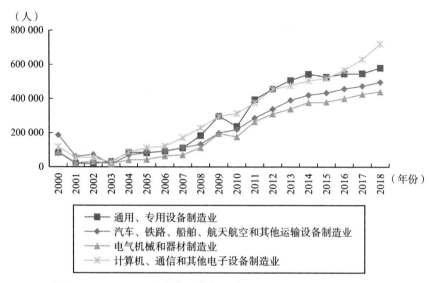

图 3-1　2000～2018 年高端装备制造业细分行业 R&D 人员投入
资料来源：笔者自制。

根据图 3-1，中国高端装备制造业各细分行业 R&D 人员数量在 2003 年出现了小幅下降，本书认为 2003 年的非典疫情给中国整体经济造成了严重的冲击，经济的萧条减缓了中国高端装备制造业的发展速度，进一步影响了中国高端装备制造业各细分行业的 R&D 人员投入。2003 年后，中国高端装备制造业各细分行业 R&D 人员投入水平稳步提升，呈现齐头并进的发展趋势，该结果与中国高端装备制造业的发展现状基本相符；其中计算机、通信和其他电子设备制造业的增幅最为显著，近年来中国的超级计算机、电子设备、5G 技术等已经位于世界前列，这与计算机、通信和其他电子设备制造业 R&D 人员的大量投入密切相关，R&D 人员的大幅增加促进了计算机、通信和其他电子设备制造业的快速发展；进一步分析可以看出，通用、专用设备制造业以及电气机械和器材制造业的 R&D 人员投入在 2009 年出现小幅下降，本书认为可能与金融危机相关。总体看来，中国高端装备制造业各细分行业 R&D 人员投入呈逐年上升的良好态势，加速中国在创新领域由量变向质变的发展。

（二）高端装备制造业细分行业 R&D 经费投入现状

基于相关统计年鉴数据，对中国高端装备制造业各细分行业的 R&D 经费进行统计分析，并揭示其变化规律，具体统计结果如表 3 - 2 所示。

表 3 - 2 　　　　　2000～2018 年高端装备制造业细分行业 R&D 经费投入　　　单位：万元

年份	通用、专用设备制造业	运输设备制造业	电气机械和器材制造业	计算机、通信和其他电子设备制造业
2000	321 823	926 222	727 269	1 402 714
2001	351 167	1 219 325	875 725	1 703 891
2002	392 560	1 752 882	1 117 021	2 193 550
2003	1 433 939	1 986 184	1 423 541	2 882 968
2004	2 476 481	2 785 444	2 212 258	4 071 853
2005	2 795 672	3 502 578	2 405 624	4 504 587
2006	3 315 489	4 573 352	2 825 732	5 077 379
2007	4 472 445	5 376 042	3 745 777	6 363 013
2008	4 584 523	5 589 654	3 922 356	6 457 824
2009	4 651 324	5 704 536	4 125 623	6 721 479
2010	4 722 184	5 821 997	4 250 969	6 862 561
2011	7 723 287	7 852 546	6 240 088	9 410 520
2012	8 995 414	9 133 643	7 041 558	10 646 938
2013	10 602 095	10 523 169	8 153 895	12 525 008
2014	11 614 743	12 133 177	9 228 515	13 925 133
2015	11 997 825	13 400 540	10 127 297	16 116 757
2016	12 428 541	15 083 703	11 023 817	18 109 750
2017	13 337 637	15 933 868	12 423 807	20 027 613
2018	14 613 641	17 129 557	13 201 357	22 799 013

资料来源：笔者自制。

由表 3-2 可得中国高端装备制造业各细分行业 R&D 经费的具体数值。纵向看来，在研究时段内，中国高端装备制造业各细分行业的 R&D 经费呈逐年增加的发展态势，其中通用、专用设备制造业 R&D 经费的增幅最大，电气机械和器材制造业 R&D 经费的增幅最小；汽车、铁路、船舶、航空航天和其他运输设备制造业以及计算机、通信和其他电子设备制造业 R&D 经费的增加速度适中。横向看来，计算机、通信和其他电子设备制造业的 R&D 经费投入在中国高端装备制造业各细分行业中最高，电气机械和器材制造业的 R&D 经费投入最少。通用、专用设备制造业的 R&D 经费在 2003 年以后出现快速且大量的提升。总体看来，中国高端装备制造业各细分行业的 R&D 经费在研究时段内逐步提升，创新资源投入的进一步提高也加速了中国高端装备制造业的创新发展。

为了更好地揭示中国高端装备制造业各细分行业 R&D 经费投入现状的变化规律，生成中国高端装备制造业各细分行业 R&D 经费投入发展趋势图，如图 3-2 所示。

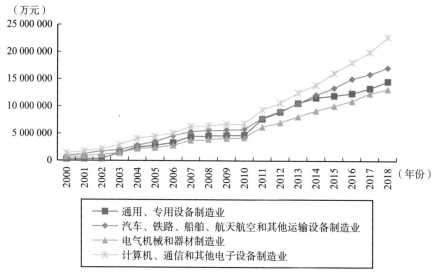

图 3-2　2000~2018 年高端装备制造业细分行业 R&D 经费投入

资料来源：笔者自制。

由图 3-2 可以看出，中国高端装备制造业各细分行业 R&D 经费投入增幅在 2009 年出现轻微下降，本书认为该情况可能受金融危机影响。金融危机给世界经济带来了显著的负面影响，进一步对中国高端装备制造业的发展造成阻碍，降低了中国高端装备制造业各细分行业 R&D 经费的投入力度。2009 年后，中国高端装备制造业各细分行业 R&D 经费投入水平快速上升，呈现齐头并进的发展趋势，该结果与中国高端装备制造业的发展现状基本相符，其中，计算机、通信和其他电子设备制造业的 R&D 经费增加幅度最为显著，电气机械和器材制造业的 R&D 经费增加幅度最小。近年来，中国的通信电子设备、5G 等技术在全球位于前列，R&D 经费的大量投入对现在所取得的成就至关重要。整体看来，中国高端装备制造业各细分行业的 R&D 经费投入力度逐年加大，这也为中国高端装备制造业各细分行业创新发展提供了有力支撑。

（三）高端装备制造业细分行业技术引进经费投入现状

基于相关统计年鉴数据，对中国高端装备制造业各细分行业的技术引进经费进行统计分析，并揭示其变化规律，具体统计结果如表 3-3 所示。

表 3-3　　**2000~2018 年高端装备制造业细分行业技术引进经费投入**　　单位：万元

年份	通用、专用设备制造业	运输设备制造业	电气机械和器材制造业	计算机、通信和其他电子设备制造业
2000	33 140	223 884	256 074	383 007
2001	41 214	288 904	298 187	631 342
2002	69 215	356 857	368 571	758 320
2003	206 202	569 696	172 014	750 333
2004	205 747	644 885	132 325	1 026 657
2005	205 850	440 442	144 470	759 375
2006	207 457	488 631	149 945	671 753
2007	313 542	524 342	193 323	1 200 662
2008	329 365	975 348	202 161	757 121
2009	308 763	969 812	257 759	545 668
2010	306 637	1 219 313	309 614	494 603
2011	383 588	1 101 571	357 205	549 137

年份	通用、专用设备制造业	运输设备制造业	电气机械和器材制造业	计算机、通信和其他电子设备制造业
2012	485 678	1 108 987	255 630	569 416
2013	403 650	1 539 175	247 883	372 054
2014	392 655	1 627 150	200 678	431 717
2015	308 069	1 849 664	177 143	577 339
2016	411 297	2 510 837	197 745	842 697
2017	273 863	2 288 055	211 168	484 839
2018	282 313	2 468 107	168 848	1 137 486

资料来源：笔者自制。

由表3-3可得中国高端装备制造业各细分行业技术引进经费的具体数值。纵向看来，通用、专用设备制造业以及电气机械和器材制造业的技术引进经费在研究时段内没有大幅波动，说明通用、专用设备制造业以及电气机械和器材制造业没有过分依赖外国技术的引进；相比之下，计算机、通信和其他电子设备制造业的技术引进经费表现出一定的离散性，而汽车、铁路、船舶、航空航天和其他运输设备制造业的技术引进经费则逐年上升。横向看来，汽车、铁路、船舶、航空航天和其他运输设备制造业的技术引进经费在中国高端装备制造业细分行业中最高，电气机械和器材制造业的技术引进经费最少。就2018年而言，汽车、铁路、船舶、航空航天和其他运输设备制造业的技术引进经费是电气机械和器材制造业的十倍以上，说明中国的先进交通运输制造业在一定程度上过于依赖国外的先进技术，自主创新能力存在不足。总体看来，中国高端装备制造业各细分行业的技术引进经费存在较大差异，说明各行业的自主创新能力不一致，还需加强自主创新能力的培育和核心技术的研发，实现由"制造大国"向"制造强国"的转变。

为了更好地揭示中国高端装备制造业各细分行业技术引进经费投入现状的变化规律，生成中国高端装备制造业各细分行业技术引进经费投入发展趋势图，如图3-3所示。

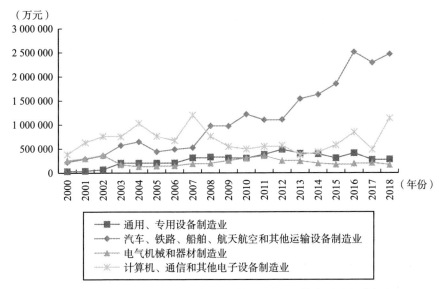

图 3 - 3　2000～2018 年高端装备制造业细分行业技术引进经费投入

资料来源：笔者自制。

由图 3-3 可以看出，通用、专用设备制造业以及电气机械和器材制造业的技术引进经费在研究时段内没有大幅提升，两者的发展趋于平稳，说明中国在通用、专用设备制造以及电气机械和器材制造方面的自主研发能力较强，不再过度依赖先进技术的引进。而计算机、通信和其他电子设备制造业的技术引进经费在 2007 年后便呈下降趋势，表明 2007 年以后中国在计算机、通信和电子设备等领域的自主研发能力开始逐渐增强，这也与计算机、通信和其他电子设备制造业的发展现实相符。反观汽车、铁路、船舶、航空航天和其他运输设备制造业，其技术引进经费在研究时段内呈逐年上升的趋势，本书认为近年来中国在高铁、航空航天等领域虽然取得了较为可观的成就，但在某些核心领域、核心技术上仍缺乏自主创新能力，因此需依赖国外先进技术。总体看来，中国高端装备制造业各细分行业的自主创新能力存在一定的不足，仍需加强研发人员以及研发经费的投入力度，以培育自身的核心技术，加快创新发展。

（四）高端装备制造业细分行业技术改造经费投入现状

基于相关统计年鉴数据，对中国高端装备制造业各细分行业的技术改造经费进行统计分析，并揭示其变化规律。具体统计结果如表 3-4 所示。

表 3-4　　　　2000~2018 年高端装备制造业细分行业技术改造经费投入　　　单位：万元

年份	通用、专用设备制造业	运输设备制造业	电气机械和器材制造业	计算机、通信和其他电子设备制造业
2000	4 080 811	6 415 997	4 513 694	5 495 567
2001	2 183 340	8 541 650	5 403 300	5 209 870
2002	375 362	1 157 603	605 976	570 121
2003	1 125 078	1 632 700	557 128	647 509
2004	1 879 081	2 212 154	1 178 496	983 474
2005	1 727 579	2 191 403	953 232	662 233
2006	1 838 596	2 582 034	1 111 553	723 031
2007	2 464 529	2 917 953	1 259 526	905 412
2008	3 467 747	3 903 640	1 995 835	1 315 350
2009	3 695 113	4 096 792	2 204 072	961 189
2010	3 381 004	4 495 402	2 456 470	1 403 323
2011	4 453 758	4 617 397	2 783 000	1 303 276
2012	4 260 084	3 956 089	2 744 131	1 264 394
2013	3 335 070	3 989 468	2 609 753	1 793 072
2014	2 460 999	4 351 030	2 134 100	1 138 377
2015	2 103 463	4 090 833	1 916 203	1 412 183
2016	1 745 394	4 765 049	2 197 119	2 422 764
2017	2 002 817	4 841 087	1 780 635	2 740 065
2018	1 858 955	4 486 799	1 794 139	3 602 880

资料来源：笔者自制。

由表 3-4 可得中国高端装备制造业各细分行业技术改造经费的具体数值。纵向看来，中国高端装备制造业各细分行业的技术改造经费自 2000 年出现大幅度下降，而在 2002 年之后开始上升，其中汽车、铁路、船舶、航空航天和其他运输设备制造业的技术改造经费上升幅度最为显著，电气机械和器材制造业的技术改造经费增加幅度在高端装备制造业细分行业中最低。横向看来，汽车、铁路、船舶、航空航天和其他运输设备制造业技术改造经费的投入力度在中国高端装备制造业各细分行业中最大，电气机械和器材制造业以及计算机、通信和其他电子设备制造业的技术改造经费投入力度偏低。总体看来，中国高端装备制造业各细分行业的技术改造经费投入呈先降后升的发展趋势，这也与中国高端装备制造业的发展现实相契合。

　　为了更好地揭示中国高端装备制造业各细分行业技术改造经费投入现状的变化规律，生成中国高端装备制造业各细分行业技术改造经费投入发展趋势图（见图3－4）。

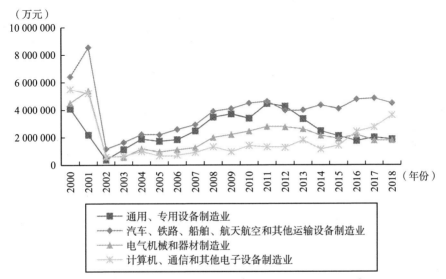

图 3 － 4　2000 ~ 2018 年高端装备制造业细分行业技术改造经费投入

资料来源：笔者自制。

　　由图3－4可以看出，中国高端装备制造业各细分行业的技术改造经费在2000~2002年出现明显下降，2002年后，高端装备制造业细分行业的技术改造经费投入力度开始增加，直至2012年，通用、专用设备制造业以及电气机械和器材制造业的技术改造经费投入开始减少，表明我国在通用、专用设备制造以及电气机械和器材制造领域的技术已经逐渐成熟，不再过度依赖国外的先进技术。进一步分析可以看出，汽车、铁路、船舶、航空航天和其他运输设备制造业的技术改造经费增幅最为显著，充分说明我国在汽车、铁路、船舶、航空航天和其他运输设备制造领域仍然缺乏核心技术的研发能力，在某些特定领域自主创新能力不足，尚未形成完整的、成套的、成熟的创新体系。总体看来，中国高端装备制造业各细分行业的创新能力在不断加强，但仍需加大创新体系的培养力度，实现全方面创新发展。

（五）高端装备制造业细分行业购买国内技术经费投入现状

基于相关统计年鉴数据，对中国高端装备制造业各细分行业购买国内技术经费进行统计分析，并揭示其变化规律，具体统计结果如表3-5所示。

表3-5　　2000~2018年高端装备制造业细分行业购买国内技术经费投入　单位：万元

年份	通用、专用设备制造业	运输设备制造业	电气机械和器材制造业	计算机、通信和其他电子设备制造业
2000	8 771	10 391	24 032	3 264
2001	8 932	15 588	94 524	7 595
2002	12 505	13 249	100 784	8 970
2003	28 915	68 037	15 295	15 326
2004	56 770	100 919	39 467	28 238
2005	54 980	109 095	38 295	25 140
2006	99 387	104 220	35 126	30 278
2007	76 377	119 672	55 780	38 711
2008	116 219	162 584	71 564	60 298
2009	153 737	201 204	76 500	65 801
2010	118 064	220 818	67 254	108 803
2011	129 655	273 887	98 228	72 958
2012	145 524	271 060	128 967	91 590
2013	131 823	260 188	92 077	112 302
2014	95 813	322 131	124 136	172 453
2015	80 616	358 643	85 161	446 329
2016	72 673	245 502	71 170	584 203
2017	103 075	294 873	85 202	434 622
2018	103 795	640 823	237 271	1 833 028

资料来源：笔者自制。

由表3-5可得中国高端装备制造业各细分行业购买国内技术经费的具体数值。纵向看来,中国高端装备制造业各细分行业购买国内技术经费的投入呈逐年上升的趋势,其中计算机、通信和其他电子设备制造业购买国内技术经费的增幅最为显著,通用、专用设备制造业以及电气机械和器材制造业购买国内技术经费的上升幅度不显著。横向看来,计算机、通信和其他电子设备制造业购买国内技术经费的投入在中国高端装备制造业细分行业中最高,就2018年的截面数据而言,计算机、通信和其他电子设备制造业购买国内技术经费约为通用、专用设备制造业购买国内技术经费的18倍,表明在计算机、通信和其他电子设备制造领域,国内技术已经较为成熟。总体看来,中国高端装备制造业各细分行业的国内技术呈现良好的发展态势,逐渐降低对国外先进技术的依赖,实现快速创新发展。

为了更好地揭示中国高端装备制造业各细分行业购买国内技术经费投入现状的变化规律,生成中国高端装备制造业各细分行业购买国内技术经费投入发展趋势图,如图3-5所示。

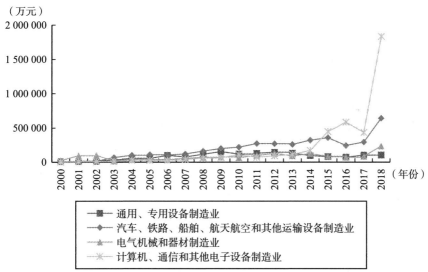

图3-5 2000~2018年高端装备制造业细分行业购买国内技术经费投入

资料来源:笔者自制。

由图3-5可以看出,计算机、通信和其他电子设备制造业购买国内技术经费的投入在2014年出现明显的提高,本书认为可能与近年来中国在该领域成功实现关键技术突破有关;同样,汽车、铁路、船舶、航空航天和其他运输设备制造业购买国内技术经费的投入逐年提高，在 2016 年出现下降之后便快速增加，该结果与汽车、铁路、船舶、航空航天和其他运输设备制造业的发展现实相符。目前中国的航空航天、船舶等行业已经逐渐处于世界领先地位，中国的高铁技术已相当成熟，且已得到世界的普遍认可；通用、专用设备制造业以及电气机械和器材制造业购买国内技术经费的投入虽呈上升趋势，但幅度较小，因此仍需加强其自主技术的研发。总体看来，中国高端装备制造业各细分行业的自主技术有所进步，尤其在计算机、通信和电子设备制造领域最为显著，但仍存在不足，还需加大研发人员和研发经费的投入，促进中国高端装备制造业各细分行业实现核心技术突破，助力创新发展。

二、高端装备制造业细分行业技术创新产出现状

(一) 高端装备制造业细分行业专利申请数量现状

基于相关统计年鉴数据，对中国高端装备制造业各细分行业的专利申请数量进行统计分析，并揭示其发展规律，具体统计结果如表 3 - 6 所示。

表 3 - 6　　　　2008 ~ 2018 年高端装备制造业细分行业专利申请数量　　　　单位：件

专利申请数量	通用、专用设备制造业	汽车、铁路、船舶、航空航天和其他运输设备制造业	电气机械和器材制造业	计算机、通信和其他电子设备制造业
2008	26 738	15 047	24 746	34 885
2009	44 699	23 969	36 576	49 225
2010	27 389	23 700	28 978	46 209
2011	65 082	38 829	57 713	71 890
2012	85 186	47 433	74 811	82 406
2013	102 342	57 377	78 154	88 960
2014	107 776	64 660	92 954	103 504
2015	105 186	68 967	92 865	100 785
2016	118 104	77 547	113 140	118 725
2017	132 626	83 846	136 915	145 303
2018	160 500	90 859	152 766	179 405

资料来源：笔者自制。

　　由表3-6可得中国高端装备制造业各细分行业2008~2018年的专利申请数量。纵向看来，中国高端装备制造业各细分行业的专利申请数在研究时段内均呈上升态势，其中通用、专用设备制造业专利申请数的增幅最大；汽车、铁路、船舶、航空航天和其他运输设备制造业专利申请数的上升幅度最小；电气机械和器材制造业以及计算机、通信和其他电子设备制造业专利申请数的增加速度居中。横向看来，计算机、通信和其他电子设备制造业的专利申请数量在中国高端装备制造业细分行业中最高，通用、专用设备制造业的专利申请数量在2010年后呈快速增长态势。总体看来，中国高端装备制造业各细分行业的专利申请数量逐年上升，发展态势良好，表明中国高端装备制造业的自主创新能力在不断提高。

　　为了更好地揭示中国高端装备制造业各细分行业专利产出数量现状的变化规律，生成中国高端装备制造业各细分行业专利申请数量的发展趋势图，如图3-6所示。

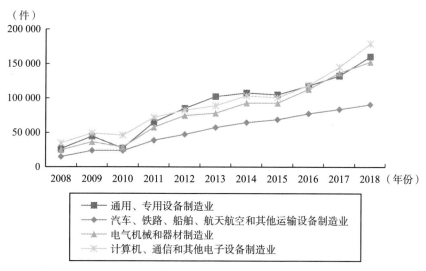

图3-6　2008~2018年高端装备制造业细分行业专利申请数量

资料来源：笔者自制。

　　由图3-6所示，中国高端装备制造业的专利申请数量在2009年出现小幅下降，本书认为由于金融危机给世界经济带来了巨大影响，经济不景气阻碍了中国高端装备制造业的发展速度，进一步影响了中国高端装备制造业细分行业的创新成果产出，即专利申请数量出现下降。2010年后，中国高端装备制造业各细分行业专利申请数量稳步增加，呈齐头并进的良好发展趋势，该结果与中国高端装备制造业的创新发展现状基本相符；其中通用、专用设备制造业的专利申请数量增幅最为显著，近年来中国的数控化机床等通用、专用设备技术已经达到世界领先地位，科技的进步与专利申请数的增加密切相关；进一步分析可以看出，汽车、铁路、船舶、航空航天和其他运输设备制造业专利申请数的增速较为平稳，未出现明显波动。总体看来，中国高端装备制造业各细分行业专利申请数呈逐年增加的良好态势，预示着中国正在由"制造业大国"向"制造业强国"快速转变。

（二）高端装备制造业细分行业新产品销售收入现状

基于相关统计年鉴数据，对中国高端装备制造业各细分行业的新产品销售收入进行统计分析，并揭示其变化规律，具体统计结果如表3-7所示。

表3-7　　　　**2008~2018年高端装备制造业细分行业新产品销售收入**　　单位：万元

新产品 销售收入	通用、专用 设备制造业	汽车、铁路、船舶、航空 航天和其他运输设备制造业	电气机械和 器材制造业	计算机、通信和其他 电子设备制造业
2008	59 315 084	107 712 371	59 915 870	114 000 021
2009	70 664 239	150 064 104	69 228 923	109 456 919
2010	72 292 511	171 165 190	86 302 465	133 689 434
2011	104 086 044	200 879 221	109 980 157	182 267 801
2012	114 565 262	189 919 995	117 922 425	194 715 449
2013	131 640 678	198 402 555	138 605 058	241 635 186
2014	137 537 217	238 627 221	161 569 917	267 651 601
2015	140 712 179	255 612 737	165 025 929	306 577 278
2016	153 785 934	23 955 059	194 090 806	348 386 662
2017	167 426 007	348 513 622	212 862 746	398 752 318
2018	184 309 439	312 835 416	225 188 311	427 938 758

资料来源：笔者自制。

由表3-7可得中国高端装备制造业各细分行业新产品销售收入的具体数值。纵向看来，在研究时段内，中国高端装备制造业各细分行业的新产品销售收入呈逐年增加的发展趋势，其中电气机械和器材制造业新产品销售收入增长幅度最大，通用、专用设备制造业新产品销售收入的增加幅度最小；汽车、铁路、船舶、航空航天和其他运输设备制造业以及计算机、通信和其他电子设备制造业的新产品销售收入的增加速度适中。横向看来，计算机、通信和其他电子设备制造业的新产品销售收入在中国高端装备制造业细分行业中最高，通用、专用设备制造业的新产品销售收入在各细分行业中最少。计算机、通信和其他电子设备制造业的新产品销售收入在2010年以后出现了快速提升。总体看来，中国高端装备制造业各细分行业的新产品销售收入在研究时段内稳步增加，创新产出的增加也表明中国高端装备制造业创新的快速发展。

为了更好地揭示中国高端装备制造业各细分行业新产品销售收入现状的变化规律，生成中国高端装备制造业各细分行业新产品销售收入发展趋势图，如图3-7所示。

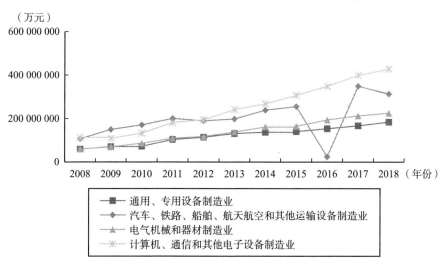

图3-7 2008~2018年高端装备制造业细分行业新产品销售收入

资料来源：笔者自制。

由图3-7可以看出，中国高端装备制造业各细分行业的新产品销售收入在研究时段内基本呈上升态势，其中汽车、铁路、船舶、航空航天和其他运输设备制造业的新产品销售收入在 2016 年出现了较为显著的下滑，本书认为在中美贸易摩擦的时代背景下，我国高铁、航空航天逐步取得世界领先地位，美国等发达国家为遏制中国高端装备制造业的发展，对中国实行技术封锁，这也在一定程度上影响了中国汽车、铁路、船舶、航空航天和其他运输设备制造业在国外市场的占有率，影响销售收入。进一步分析可知，通用、专用设备制造业的新产品销售收入在研究时段内的增幅最为稳定，而电气机械和器材制造业的增加幅度最为显著。整体看来，中国高端装备制造业各细分行业的新产品销售收入逐年增加，这也说明中国高端装备制造业的创新发展取得了较好的成效。

第二节　区域高端装备制造业技术创新现状分析

根据《中国统计年鉴》与《中国科技统计年鉴》中的数据，对各地区的技术创新投入及产出现状进行分析。考虑到西藏数据严重缺失，不作为本书的分析对象。

一、区域高端装备制造业技术创新投入现状

（一）区域高端装备制造业 R&D 人员投入现状

基于相关统计年鉴数据，对中国区域高端装备制造业的 R&D 人员数量进行统计分析，并揭示其发展变化规律，具体统计结果如表 3 – 8 所示。

表 3 – 8　　　　　2000 ~ 2018 年区域高端装备制造业 R&D 人员投入　　　单位：人

地区	2000 年	2002 年	2004 年	2006 年	2008 年	2010 年	2012 年	2014 年	2016 年	2018 年
东部地区	719 519	748 394	863 523	1 095 905	1 957 009	1 178 147	2 043 387	2 376 699	2 557 214	2 885 473
中部地区	410 747	376 208	393 241	492 079	707 710	381 491	534 708	675 030	731 876	810 597
西部地区	256 290	242 080	270 023	304 513	427 129	198 905	309 006	396 521	424 689	442 002
东北地区	154 750	152 306	162 347	189 498	234 478	127 247	164 354	184 377	153 565	123 098
北京	32 019	31 912	35 268	42 874	93 313	38 675	75 543	79 915	70 658	69 095
天津	24 482	23 160	27 423	35 458	74 199	38 805	80 972	111 318	111 262	81 115

续表

地区	2000 年	2002 年	2004 年	2006 年	2008 年	2010 年	2012 年	2014 年	2016 年	2018 年
河北	52 232	51 142	60 169	71 262	91 791	51 080	85 498	109 596	122 331	106 985
山西	35 154	38 207	51 094	77 401	90 936	39 346	44 116	48 692	42 800	45 402
内蒙古	15 607	15 307	18 034	22 391	30 939	16 359	26 378	35 169	38 386	24 559
辽宁	75 767	83 239	90 253	98 239	121 778	63 315	84 369	102 224	74 626	81 997
吉林	28 582	19 699	22 241	30 635	45 463	22 201	31 593	31 813	33 889	18 216
黑龙江	50 401	49 368	55 612	60 624	67 237	41 731	48 392	50 340	45 050	22 885
上海	74 615	65 347	60 257	67 979	104 792	66 408	108 347	124 334	119 470	120 599
江苏	147 055	158 063	181 243	205 034	394 884	239 385	447 951	552 941	609 974	623 444
浙江	35 690	44 975	89 299	139 600	311 948	138 247	297 465	362 293	414 652	513 546
安徽	54 294	43 647	41 831	50 814	108 719	48 050	110 739	145 844	154 875	167 996
福建	17 343	25 623	34 521	46 745	84 886	54 133	120 671	144 021	145 083	172 832
江西	36 642	29 783	33 256	36 259	47 691	25 874	33 966	50 001	66 534	90 444
山东	153 372	139 772	155 234	178 394	273 131	172 864	303 862	342 259	374 531	388 403
河南	74 980	73 489	80 245	108 765	155 451	90 430	140 786	181 937	187 804	183 091
湖北	69 678	61 212	60 432	69 722	102 863	64 329	112 554	138 562	149 571	167 053
湖南	45 409	45 496	45 234	57 859	89 350	49 530	92 547	109 994	130 292	156 611
广东	84 408	104 104	140 231	208 456	402 183	314 202	519 212	544 906	585 089	806 431
广西	21 480	20 439	17 326	19 191	31 407	16 110	29 795	32 605	29 025	29 182
海南	1 056	618	1 025	1 864	4 104	1 033	3 866	5 116	4 164	3 023
重庆	27 946	26 880	31 336	38 607	55 190	30 984	46 048	64 348	73 946	96 950
四川	81 468	82 623	73 587	82 861	123 143	50 496	78 406	100 614	110 503	119 640
贵州	19 554	18 791	15 989	19 766	24 798	11 296	16 509	20 771	27 677	37 686
云南	13 558	13 223	11 357	14 882	27 317	11 345	19 116	21 698	31 321	37 432
陕西	66 094	54 594	56 914	62 412	71 807	36 666	55 794	75 835	70 832	56 926
甘肃	30 593	29 875	23 220	23 555	30 887	12 535	17 334	21 121	18 179	13 861
青海	3 888	3 630	3 616	4 121	5 394	2 562	2 889	3 336	3 147	2 505
宁夏	5 101	4 306	4 129	5 579	9 222	3 684	7 310	10 110	10 076	12 466
新疆	8 088	8 158	9 039	11 148	16 718	6 847	9 195	10 644	11 258	10 400

资料来源：笔者自制。

由表 3 - 8 可得区域高端装备制造业 R&D 人员投入的具体数值。横向看来，中国各区域、各省份的高端装备制造业 R&D 人员投入数量整体呈逐年上升的良好发展态势，其中江苏省、浙江省、广东省等部分经济水平较高的省份对应的高端装备制造业研发人员投入数量增幅也较为显著，该结果与中国区域高端装备制造业的发展现状相符。纵向看来，中国各区域高端装备制造业 R&D 人员投入数量的离散性较强，就 2018 年而言，广东省高端装备制造业的 R&D 人员数量已经超过 80 万，而青海省的高端装备制造业 R&D 人员数量仅为 2 505 人，广东省高端装备制造业 R&D 人员数量约为青海省高端装备制造业 R&D 人员数量的 320 倍，说明中国高端装备制造业 R&D 人员投入具有显著的区域差异。整体看来，区域高端装备制造业的 R&D 人员投入发展态势良好，但具备显著的地区差异性，该结果与中国各区域高端装备制造业的发展现状较相符。

为了更好地揭示区域高端装备制造业 R&D 人员投入现状的变化规律，生成中国区域高端装备制造业 R&D 人员投入发展趋势图，如图 3 - 8 所示。

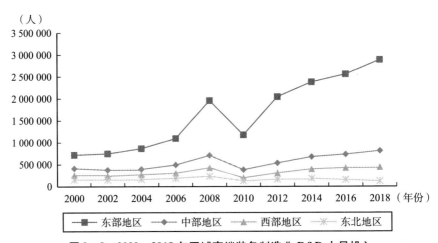

图 3 - 8　2000～2018 年区域高端装备制造业 R&D 人员投入

资料来源：笔者自制。

由图 3 - 8 可以看出，东部地区、中部地区、西部地区以及东北地区高端装备制造业的 R&D 人员数量整体呈增长态势，但 2010 年各地区高端装备制造业 R&D 人员数量出现小幅下降，2010 年后各地区高端装备制造业 R&D 人员投入力度又逐渐增加。相比之下，东部地区高端装备制造业 R&D 人员的投入力度最大，而东北地区高端装备制造业的 R&D 人员数量增长相对缓慢，甚至在 2016～2018 年出现轻微的下降趋势，本书认为可能与东北地区近年来人才流失相关。中部地区和西部地区高端装备制造业的 R&D 人员数量处于中间位置，两者呈齐头并进的良好发展态势。总体看来，中国区域高端装备制造业 R&D 人员投入呈逐年上升的良好态势，这也在一定程度上助力中国由"制造业大国"向"制造业强国"转变。

（二）区域高端装备制造业 R&D 经费投入现状

基于相关统计年鉴数据，对中国区域高端装备制造业的 R&D 经费进行统计分析，并揭示其发展变化规律，具体统计结果如表 3-9 所示。

表 3-9　　　　　　2000～2018 年区域高端装备制造业 R&D 经费投入　　　单位：万元

地区	2000 年	2002 年	2004 年	2006 年	2008 年	2010 年	2012 年	2014 年	2016 年	2018 年
东部地区	5 655 213	8 094 415	16 727 487	21 719 185	41 000 146	28 777 880	49 211 620	62 882 013	74 843 900	86 976 795
中部地区	1 624 694	2 241 771	4 185 607	6 182 223	11 134 324	7 441 733	11 499 015	15 481 234	18 969 298	24 674 934
西部地区	957 280	1 304 514	3 107 846	3 856 618	7 282 028	3 934 352	6 890 751	9 191 786	11 419 223	13 709 826
东北地区	670 781	1 179 303	1 846 897	2 392 251	4 065 113	2 997 293	4 405 065	4 987 555	4 214 164	4 186 709
北京	335 717	400 585	822 324	907 235	1 593 262	1 061 357	1 973 442	2 335 010	2 548 433	2 740 103
天津	206 269	283 342	656 355	1 012 430	2 332 613	1 392 212	2 558 685	3 228 057	3 499 551	2 528 761
河北	233 069	278 862	560 664	854 283	1 367 951	1 078 941	1 980 850	2 606 711	3 086 608	3 819 916
山西	153 468	231 675	470 648	967 847	1 576 714	675 657	1 069 590	1 247 027	976 283	1 312 531
内蒙古	35 966	73 415	187 052	305 521	631 400	474 299	858 477	1 080 287	1 279 853	1 033 594
辽宁	386 066	685 565	1 184 240	1 367 151	2 551 263	1 913 437	2 894 569	3 242 303	2 420 637	3 006 014
吉林	103 784	249 075	292 613	530 888	693 150	355 405	604 326	789 431	908 602	575 015
黑龙江	180 931	244 663	370 044	494 212	820 700	728 451	906 170	955 820	884 925	605 680
上海	961 601	1 149 053	2 089 372	2 288 463	3 457 332	2 377 472	3 715 075	4 492 192	4 900 778	5 548 768
江苏	943 121	1 419 878	3 647 478	4 692 611	9 495 955	5 513 458	10 803 107	13 765 378	16 575 418	20 245 195
浙江	297 226	396 802	1 820 837	2 197 883	4 923 508	2 723 447	5 886 071	7 681 473	9 357 877	11 473 921
安徽	200 945	380 444	750 027	1 078 887	1 998 520	1 040 238	2 089 814	2 847 303	3 709 224	4 973 027
福建	133 163	233 133	665 779	890 599	1 668 065	1 161 171	2 381 656	3 153 831	3 882 632	5 249 417
江西	93 166	128 759	261 481	439 807	792 594	589 366	925 985	1 284 642	1 797 561	2 677 714

续表

地区	2000 年	2002 年	2004 年	2006 年	2008 年	2010 年	2012 年	2014 年	2016 年	2018 年
山东	1 023 040	1 485 312	2 436 014	3 606 901	6 440 128	5 269 241	9 056 007	11 755 482	14 150 035	14 184 975
河南	263 727	308 876	812 000	1 224 981	1 979 685	1 485 875	2 489 651	3 372 310	4 096 962	5 289 250
湖北	409 315	410 379	704 225	829 750	1 807 024	1 429 050	2 633 099	3 629 506	4 459 622	5 255 194
湖南	183 393	214 484	524 569	615 852	1 465 937	1 137 692	2 290 877	3 100 446	3 929 647	5 167 217
广东	1 031 661	1 623 896	2 827 181	3 852 034	7 098 468	6 268 811	10 778 634	13 752 869	16 762 749	21 072 031
广西	95 806	130 461	272 249	279 387	627 716	358 915	702 225	848 808	827 248	891 031
海南	8 474	7 527	17 243	49 596	71 601	18 334	78 093	111 010	79 819	113 708
重庆	146 890	202 965	409 074	594 261	1 113 973	672 418	1 171 045	1 664 720	2 374 859	2 992 091
四川	271 887	461 133	887 772	1 055 773	1 765 526	809 767	1 422 310	1 960 112	2 572 607	3 423 923
贵州	54 253	89 896	150 329	226 118	380 575	217 791	315 079	410 132	556 853	762 280
云南	64 768	71 006	177 476	243 734	505 946	180 687	384 430	516 572	741 847	1 070 172
陕西	233 560	277 669	610 926	590 469	1 214 046	710 176	1 192 770	1 606 946	1 844 216	2 165 554
甘肃	73 945	73 718	145 019	229 587	381 584	208 652	337 785	464 410	509 228	476 151
青海	24 641	34 166	46 337	64 165	116 492	60 210	84 197	92 528	77 940	67 716
宁夏	27 101	29 678	48 232	90 518	155 960	73 020	143 696	186 518	239 624	369 910
新疆	60 236	64 283	173 197	177 084	378 287	167 254	273 425	357 812	390 946	448 779

资料来源：笔者自制。

观察表 3-9 中各区域以及各省份 2000～2018 年的高端装备制造业 R&D 经费投入情况能够发现，每一区域和省份的 R&D 经费投入在整体上均呈上升趋势，其中江苏、浙江、山东和广东的 R&D 经费增幅尤为明显，而青海、宁夏与新疆等地区的增速较为缓慢。纵向观察同一年份不同地区、不同省份的高端装备制造业 R&D 经费投入情况可以看出，中国区域高端装备制造业 R&D 经费投入具有较强的离散性。2018 年，青海省高端装备制造业 R&D 经费投入的数值为 67 716 万元，而广东省已步入千亿元行列，广东省的高端装备制造业 R&D 经费投入额是青海省的 311 倍之多，表明中国高端装备制造业 R&D 经费投入拥有显著的区域差异性。纵观全局发现，区域高端装备制造业 R&D 经费投入发展趋势良好，并且各地区的 R&D 经费投入存在一定的差异性，这一结果符合中国各地区高端装备制造业的发展现状。

为了更好地揭示区域高端装备制造业 R&D 经费投入现状的变化规律，生成中国区域高端装备制造业 R&D 经费投入发展趋势图，如图 3-9 所示。

（万元）

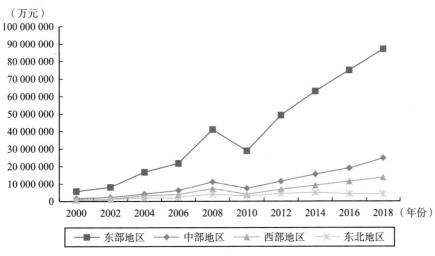

图 3 - 9　2000 ~ 2018 年区域高端装备制造业 R&D 经费投入

资料来源：笔者自制。

从图 3 - 9 能够看出，东部地区、中部地区、西部地区和东北地区的高端装备制造业 R&D 经费投入总体而言呈逐年增长的趋势，其中东部地区的上升趋势最为明显。观察各地区不同年份高端装备制造业 R&D 经费投入的走向可以发现，2010 年四个地区高端装备制造业 R&D 经费投入均出现不同程度的下降，下降趋势最快且最显著的当属东部地区，相反东北地区高端装备制造业 R&D 经费投入的下降速度最缓慢，其余年份都呈增加态势。与中部地区、西部地区以及东北地区相比，东部地区高端装备制造业 R&D 经费的投入额最高，表明东部地区对高端装备制造业研发创新的重视程度较高。东部地区高端装备制造业 R&D 经费投入水平的提高在一定程度上带动了中部地区、西部地区及东北地区高端装备制造业 R&D 经费投入额的增加，为中国步入制造业强国行列打造良好的研发创新氛围。

（三）区域高端装备制造业技术引进经费投入现状

基于相关统计年鉴数据，对中国区域高端装备制造业的技术引进经费进行统计分析，并揭示其发展变化规律，具体统计结果如表 3 - 10 所示。

表 3 – 10　　　　　2000～2018 年区域高端装备制造业技术引进经费投入　　　　单位：万元

地区	2000 年	2002 年	2004 年	2006 年	2008 年	2010 年	2012 年	2014 年	2016 年	2018 年
东部地区	1 723 624	2 482 003	2 762 745	2 379 831	3 549 553	2 853 034	2 879 000	2 750 116	3 806 913	4 008 289
中部地区	467 851	871 415	735 879	511 468	560 973	571 741	430 452	367 831	316 353	259 806
西部地区	262 745	371 615	475 012	312 974	558 591	436 547	511 062	653 453	542 036	299 444
东北地区	283 226	333 508	383 471	273 175	329 985	135 437	118 552	103 709	88 882	85 142
北京	21 887	79 512	328 915	150 328	76 888	198 649	245 680	390 032	320 726	233 210
天津	34 564	66 557	166 574	351 848	432 368	233 073	115 723	76 722	60 216	60 544
河北	96 970	125 360	137 597	107 079	129 005	132 992	94 747	42 052	21 239	35 411
山西	27 464	49 231	58 093	63 403	90 417	71 000	60 843	33 550	46 816	32 564
内蒙古	17 409	41 313	32 584	16 138	16 701	30 773	19 656	153 320	74 786	30 839
辽宁	213 251	172 515	219 403	194 040	235 529	63 851	54 017	74 444	1 349 956	74 969
吉林	35 504	96 192	85 558	39 404	55 106	11 647	22 335	8 853	28 242	4 465
黑龙江	34 472	64 801	78 510	39 731	39 350	59 939	42 200	20 413	51 379	5 708
上海	390 046	564 616	587 931	406 284	694 128	610 943	583 135	667 707	9 262	1 450 368
江苏	209 659	505 839	620 376	342 820	419 293	360 461	574 415	454 632	332 707	300 241
浙江	191 458	230 426	207 437	175 181	226 695	213 300	146 137	124 660	93 307	94 677
安徽	114 548	146 324	94 817	79 261	103 939	44 742	106 471	71 782	32 528	18 588
福建	91 911	72 131	69 119	120 221	109 160	233 197	268 712	208 931	137 912	141 628
江西	43 501	22 445	49 381	97 155	96 929	73 512	22 132	38 327	48 799	18 563
山东	283 869	371 894	142 066	233 461	436 213	249 955	276 774	217 027	174 867	118 311
河南	58 174	100 835	134 722	116 238	36 841	60 907	59 187	53 313	8 767	5 903
湖北	106 801	163 436	167 566	29 910	96 913	190 418	160 092	146 776	142 732	98 206
湖南	29 977	186 839	67 233	46 365	41 478	59 577	21 728	24 083	36 711	85 982
广东	161 222	244 637	282 841	296 694	717 393	556 612	569 733	567 985	1 315 983	1 573 897
广西	27 910	47 902	34 965	19 140	10 792	3 875	2 619	12 392	4 210	6 315
海南	876	616	486	1 875	72 882	0	3 944	366	0	0
重庆	37 358	51 906	254 679	71 348	137 434	141 710	184 395	315 610	376 013	161 982
四川	66 680	159 062	51 242	43 922	68 393	75 453	196 473	31 626	33 249	50 074
贵州	15 455	14 166	4 046	8 310	13 595	13 472	2 427	13 099	1 027	325
云南	23 113	36 701	9 679	65 376	41 641	54 820	30 572	20 580	15 429	31 177
陕西	81 379	39 957	61 100	23 206	45 975	34 735	13 804	37 657	24 595	10 735

地区	2000 年	2002 年	2004 年	2006 年	2008 年	2010 年	2012 年	2014 年	2016 年	2018 年
甘肃	17 214	22 079	16 037	26 990	47 516	59 894	43 646	27 626	1 298	190
青海	5 720	7 265	90	50	90	7 364	3 182	0	1 775	0
宁夏	6 129	4 919	9 059	11 629	162 122	13 876	10 467	38 875	857	702
新疆	9 698	35 560	1 532	26 866	14 333	576	3 821	2 669	8 797	7 105

资料来源：笔者自制。

　　由表 3 – 10 可得区域高端装备制造业技术引进经费的具体数值。横向看来，河北省、辽宁省等大部分省份高端装备制造业的技术引进经费在研究时段内整体呈下降趋势，说明中国高端装备制造业在一定程度上已经具备独立自主的研发能力，不再过于依赖国外先进技术的引进，但北京、广东等部分省份高端装备制造业技术引进经费整体上仍逐年上升，说明在经济发展水平较高的省份，仍然重视对国外先进技术的引进，以支撑地方经济的发展。纵向看来，高端装备制造业技术引进经费在各省份之间有较大差异，如广东省高端装备制造业的技术引进经费在 2018 年约为 157 亿元，而甘肃省在 2018 年仅有190 万元，可见各省份高端装备制造业对于国外技术的引进程度参差不齐。整体看来，中国大部分区域的高端装备制造业已经不再过于依赖国外先进技术的引进，但仍需加强对自主研发能力的培养，彻底实现自主创新发展。

　　为了更好地揭示区域高端装备制造业技术引进经费投入现状的变化规律，生成中国区域高端装备制造业技术引进经费投入发展趋势图，如图 3 – 10所示。

　　由图 3 – 10 可以看出，中国东部地区高端装备制造业技术引进经费在研究时段内的波动较为显著，2010 年东部地区高端装备制造业技术引进经费投入出现大幅下降，但 2014 年又开始逐年增加，可见东部地区高端装备制造业发展仍较为依赖国外先进技术的引进。中部地区、西部地区以及东北地区高端装备制造业技术引进在研究时段内的变化较为平稳，整体上均呈小幅度下降，说明这三个地区在一定程度上已经具备自主创新能力，有效摆脱了对国外先进技术的依赖。总体看来，不同区域的自主创新能力存在显著的地域差异性，因此各地区仍需加强研发人员以及研发经费的投入，帮助地方高端装备制造业培育自身的核心技术，为高端装备制造业创新发展提供有力支撑。

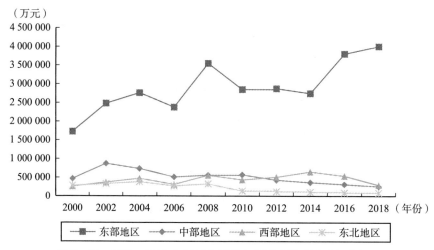

图 3 - 10   2000 ~ 2018 年区域高端装备制造业技术引进经费投入

资料来源：笔者自制。

（四）区域高端装备制造业技术改造经费投入现状

基于相关统计年鉴数据，对中国区域高端装备制造业的技术改造经费进行统计分析，并揭示其发展变化规律，具体统计结果如表 3 - 11 所示。

表 3 - 11 　　　　　2000 ~ 2018 年区域高端装备制造业技术改造经费投入 　　　　单位：万元

地区	2000 年	2002 年	2004 年	2006 年	2008 年	2010 年	2012 年	2014 年	2016 年	2018 年
东部地区	6 802 989	8 618 896	17 296 322	16 019 117	23 032 846	19 585 117	20 838 833	18 958 659	16 864 615	18 969 330
中部地区	3 089 525	4 357 282	7 141 782	9 096 744	14 330 527	8 924 413	9 768 840	8 304 657	6 412 264	6 544 296
西部地区	1 433 291	1 944 676	5 096 856	5 079 709	9 363 569	7 875 396	8 217 068	7 378 734	5 110 613	4 782 020
东北地区	1 652 646	2 143 943	2 764 344	3 615 977	4 133 602	3 069 581	2 792 803	3 337 777	1 778 569	2 038 467
北京	338 670	126 580	331 392	665 000	566 044	1 024 916	705 515	500 239	577 165	679 992
天津	249 650	228 056	365 474	1 083 551	1 171 334	859 686	893 191	437 046	276 506	461 457
河北	678 481	775 734	1 025 393	1 226 615	2 376 967	1 701 417	1 704 756	1 545 645	1 059 852	1 141 717
山西	792 243	553 290	1 310 431	1 204 387	1 986 787	1 183 143	1 607 371	993 514	455 321	475 317
内蒙古	149 792	304 613	336 631	600 087	910 700	1 207 194	713 466	521 928	232 073	234 241

地区	2000 年	2002 年	2004 年	2006 年	2008 年	2010 年	2012 年	2014 年	2016 年	2018 年
辽宁	1 035 027	1 005 539	2 002 209	2 277 147	2 632 715	2 087 007	1 534 311	1 871 036	1 127 776	1 474 508
吉林	248 258	481 591	425 504	766 057	641 219	244 771	598 761	1 024 641	414 559	253 802
黑龙江	369 362	656 813	437 791	572 773	859 668	737 803	659 731	442 099	236 234	310 157
上海	753 071	851 991	1 526 957	1 226 949	1 430 640	1 232 054	1 298 447	1 520 584	1 415 542	1 851 877
江苏	1 005 210	1 643 125	3 575 420	2 741 791	5 201 526	4 839 487	7 178 935	6 031 289	5 219 506	4 022 808
浙江	935 736	1 348 014	3 430 724	2 535 296	3 891 591	2 266 417	2 460 909	2 780 927	1 918 982	2 271 587
安徽	267 319	694 376	1 187 103	1 825 764	2 323 535	832 279	1 663 471	1 452 388	1 431 415	1 899 775
福建	222 562	288 728	360 132	535 603	556 088	736 203	1 138 833	1 180 390	1 924 895	1 635 421
江西	178 873	221 329	514 770	658 738	1 009 424	455 698	537 753	953 638	586 184	690 670
山东	929 152	1 530 272	3 501 649	2 000 695	3 322 661	3 012 620	3 187 072	3 153 030	2 407 348	2 362 576
河南	359 288	488 171	1 026 400	1 425 279	1 627 634	1 363 941	1 366 002	1 259 205	1 093 662	1 140 383
湖北	323 734	523 546	1 241 903	1 689 710	3 807 209	1 326 521	1 004 621	979 145	551 678	876 807
湖南	400 657	433 554	997 878	954 036	2 075 050	2 780 257	3 589 623	2 666 767	2 294 004	1 461 345
广东	527 621	534 851	1 158 143	1 722 080	1 846 933	1 809 480	2 229 423	1 795 759	2 049 895	4 528 763
广西	126 898	285 054	557 502	452 819	1 359 143	990 863	1 540 035	850 900	795 169	634 776
海南	910	953	18 829	4 390	36 348	15 832	41 752	13 750	14 925	13 134
重庆	149 505	205 830	652 715	530 288	751 068	551 117	791 407	743 659	706 714	399 077
四川	331 243	689 099	1 301 198	1 443 084	2 724 506	2 462 135	1 785 843	1 650 309	814 649	1 000 711
贵州	121 968	237 109	520 304	586 481	761 822	543 698	1 216 939	1 029 967	712 956	477 124
云南	189 114	175 932	252 481	414 228	468 458	451 592	404 707	401 522	287 701	403 347
陕西	268 540	218 358	616 419	377 838	1 000 894	827 212	667 947	537 954	575 946	489 438
甘肃	159 516	164 943	329 912	347 830	553 960	371 699	810 067	800 738	476 440	418 409
青海	32 960	31 518	18 544	18 022	39 709	40 750	18 489	26 431	53 125	31 714
宁夏	69 275	43 847	145 025	104 546	411 611	270 668	133 954	604 780	232 239	447 412
新疆	111 049	178 041	363 706	204 487	371 988	158 468	130 951	209 402	223 461	245 751

资料来源：笔者自制。

　　由表 3－11 可得区域高端装备制造业技术改造经费的具体数值。横向看来，四川、重庆、山东、广西的高端装备制造业技术改造经费投入在 2008 年出现转折，2008 年后开始下降，而广东、上海等部分地区的高端装备制造业技术改造经费在研究时段内呈持续上升趋势，该结果与区域高端装备制造业的发展现状基本相符。纵向看来，各省份高端装备制造业技术改造经费存在较大差异，如广东省高端装备制造业在 2018 年的技术改造经费投入约为 452 亿元，而海南省约为 1.3 亿元，可见，中国区域高端装备制造业的技术改造经费投入力度存在明显的地域差异。总体看来，区域高端装备制造业技术改造经费投入呈先升后降的发展趋势，仍需加强高端装备制造业技术改造经费的投入力度。

为了更好地揭示区域高端装备制造业技术改造经费投入现状的变化规律，生成中国区域高端装备制造业技术改造经费投入发展趋势图，如图 3 – 11 所示。

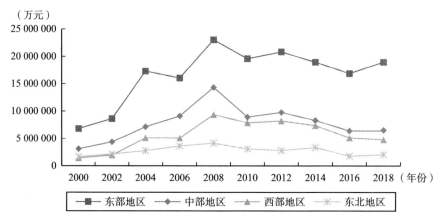

图 3 – 11　2000 ~ 2018 年区域高端装备制造业技术改造经费投入

资料来源：笔者自制。

由图 3 – 11 可以看出，东部地区、中部地区、西部地区以及东北地区高端装备制造业的技术改造经费在 2008 年出现明显下降，其中东部地区高端装备制造业技术改造经费投入力度自 2016 年后逐渐增强。相比之下，东部地区高端装备制造业技术改造经费在研究时段内的波动最为显著，且东部地区高端装备制造业技术改造经费投入力度最大，东北地区高端装备制造业技术改造经费在研究时段内的发展趋势平稳且投入力度最小，中部地区与西部地区高端装备制造业技术改造经费的发展趋势基本一致，中部地区以及西部地区高端装备制造业的技术改造经费投入分别位于第二位和第三位。总体看来，区域高端装备制造业技术改造经费存在较强的离散性，但可以看出中国高端装备制造业整体创新能力在不断提升，与近年来中国高端装备制造业创新发展的现状基本相符，仍需加强各地区创新体系的培养，实现全方位创新发展。

（五）区域高端装备制造业购买国内技术经费投入现状

基于相关统计年鉴数据，对中国区域高端装备制造业的购买国内技术经费投入进行统计分析，并揭示其发展变化规律，具体统计结果如表3-12所示。

表3-12　　　　2000~2018年区域高端装备制造业购买国内技术经费投入　　单位：万元

地区	2000年	2002年	2004年	2006年	2008年	2010年	2012年	2014年	2016年	2018年
东部地区	135 970	317 991	470 995	582 418	1 257 552	1 078 265	1 258 196	1 371 245	1 572 378	3 235 440
中部地区	85 594	74 371	189 817	136 965	376 001	237 018	324 281	409 842	175 919	499 175
西部地区	42 880	36 571	164 010	154 929	208 815	898 844	272 149	286 568	283 463	267 780
东北地区	46 080	17 104	55 875	39 267	231 882	182 500	162 293	67 667	48 262	399 301
北京	1 705	7 596	6 824	4 865	27 305	25 350	39 604	29 451	56 382	165 695
天津	5 709	13 561	7 526	17 169	48 809	56 634	65 936	20 348	4 867	5 365
河北	5 628	3 230	30 812	12 063	80 244	30 971	26 053	32 133	15 412	65 386
山西	1 502	3 313	20 743	14 534	31 945	35 472	42 666	26 076	14 726	28 968
内蒙古	9 205	11 787	6 245	21 873	13 310	352 461	10 695	13 585	12 730	42 106
辽宁	5 877	1 991	16 176	27 638	204 109	158 360	146 056	48 490	42 424	209 572
吉林	38 307	3 511	9 606	3 870	19 022	14 789	9 441	14 499	1 261	48 162
黑龙江	1 897	11 602	30 093	7 759	8 751	9 351	6 796	4 678	4 578	141 566
上海	7 507	8 366	42 659	152 615	228 146	226 509	282 948	317 912	260 867	464 985
江苏	33 853	51 704	117 709	92 222	195 826	147 820	294 573	344 360	173 755	140 343
浙江	11 931	10 876	60 652	86 352	166 735	106 951	121 614	144 332	144 078	207 200
安徽	10 575	16 964	16 740	27 833	65 579	38 699	81 478	64 953	36 379	115 070
福建	6 964	17 721	28 694	15 111	43 601	86 687	147 196	171 368	118 409	134 898
江西	3 572	6 949	25 312	33 157	50 547	41 375	16 691	149 268	47 604	92 227
山东	39 174	123 298	86 798	128 449	134 431	123 207	192 801	208 183	169 358	416 723
河南	3 753	10 140	33 012	24 713	108 309	36 635	60 103	44 537	20 112	136 143
湖北	12 919	6 851	43 230	16 921	17 823	21 561	40 612	57 175	31 503	35 915
湖南	3 866	3 253	11 081	8 179	74 026	39 138	82 731	67 833	25 595	90 852

续表

地区	2000 年	2002 年	2004 年	2006 年	2008 年	2010 年	2012 年	2014 年	2016 年	2018 年
广东	10 544	70 722	70 537	45 582	124 886	108 304	81 903	99 085	625 611	1 632 763
广西	6 657	8 877	12 532	3 749	11 779	7 432	11 598	16 032	6 951	12 811
海南	422	50	2 608	350	3 459	7 474	5 568	4 072	3 640	2 084
重庆	2 398	1 010	37 299	13 107	31 922	38 040	47 796	35 497	45 856	16 686
四川	10 196	6 218	45 841	41 791	46 247	115 429	34 016	88 477	40 687	61 026
贵州	1 076	595	5 079	3 061	5 627	19 666	23 884	6 913	33 512	8 152
云南	16 765	7 655	16 259	22 257	19 924	46 160	56 606	8 929	49 047	68 981
陕西	5 013	4 848	28 592	28 886	20 039	256 302	14 386	57 466	47 014	43 747
甘肃	5 445	7 710	6 077	16 412	26 450	42 032	49 520	50 034	2 694	7 737
青海	779	500	17	59	2 303	311	250	754	173	0
宁夏	401	5 098	2 052	1 171	22 466	17 728	1 483	6 688	43 421	4 257
新疆	809	2 937	3 963	2 564	8 749	3 283	21 911	2 195	1 380	2 278

资料来源：笔者自制。

由表 3-12 可得区域高端装备制造业购买国内技术经费的具体数值。横向看来，上海、福建等高端装备制造业购买国内技术经费投入在研究时段内呈逐年上升的良好发展态势，而四川、贵州、陕西等部分省份高端装备制造业购买国内技术经费投入在研究时段内却呈先升后降的发展趋势，可以看出各省份高端装备制造业投入力度不一。纵向看来，各省份高端装备制造业购买国内技术经费投入存在较大的地区差异，如广东省高端装备制造业 2018 年购买国内技术经费投入约为 163 亿元，而海南省约为 2 000 万元，可见区域高端装备制造业购买国内技术经费投入存在较强的离散性。总体看来，中国各省份高端装备制造业购买国内技术经费投入逐步增加，可以看出高端装备制造业的发展态势良好，自主创新能力在不断加强。

为了更好地揭示区域高端装备制造业购买国内技术经费投入现状的变化规律，生成中国区域高端装备制造业购买国内技术经费投入发展趋势图，如图 3-12 所示。

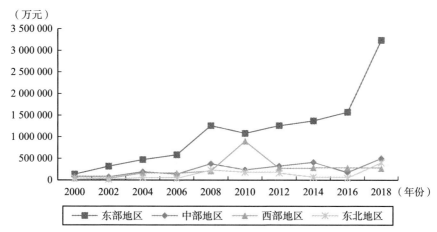

图 3 - 12　2000 ～ 2018 年区域高端装备制造业购买国内技术经费投入

资料来源：笔者自制。

由图 3 - 12 可以看出，东部地区增幅最为显著，其在 2008 年出现小幅下降，继此之后又持续增加，这也说明东部地区的高端装备制造业发展态势良好，自主技术研发能力正在逐年增强。中部地区、西部地区和东北地区的经费投入在研究时段内的波动幅度没有东部地区显著，除了西区地区在 2010 年出现明显的波动之外，其他区域高端装备制造业购买国内技术经费投入总体呈上升趋势，上升的幅度较小，表明中部地区、西部地区以及东北地区高端装备制造业的自主研发能力虽在逐步提升，但与东部地区相比，中部地区、西部地区以及东北地区高端装备制造业的自主研发能力仍有不足。总体看来，区域高端装备制造业的自主技术研发能力有所提高，东部地区尤其显著，但仍存在一定的不足，还需加大研发经费以及研发人员的投入力度，加速区域高端装备制造业实现关键技术的研发，助力区域经济快速稳定发展。

二、区域高端装备制造业技术创新产出现状分析

（一）区域高端装备制造业专利申请数量现状

基于相关统计年鉴数据，对中国区域高端装备制造业的专利申请数量进行统计分析，并揭示其发展变化规律，具体统计结果如表 3 - 13 所示。

表 3-13　　　　　　2009~2018 年区域高端装备制造业专利申请数量　　　　单位：件

地区	2009 年	2010 年	2011 年	2012 年	2013 年	2014 年	2015 年	2016 年	2017 年	2018 年
东部地区	116 833	94 498	173 462	210 698	231 516	262 083	255 182	301 653	350 680	415 586
中部地区	20 308	17 872	34 666	44 218	53 042	60 291	63 213	72 583	87 057	103 792
西部地区	11 730	9 482	17 397	25 548	31 537	35 559	40 730	43 424	50 036	52 824
东北地区	5 598	4 425	7 989	9 373	10 739	10 961	8 678	9 856	10 917	11 327
北京	4 078	3 886	7 888	11 944	11 193	11 652	11 535	11 991	11 996	12 591
天津	4 163	3 691	7 191	7 793	9 499	9 847	9 632	10 261	9 626	9 175
河北	1 854	1 736	3 491	4 639	5 344	5 809	5 989	7 882	8 457	10 184
山西	1 045	900	1 723	2 227	2 962	2 763	2 056	2 263	2 684	3 306
内蒙古	610	446	756	976	1 201	1 327	1 489	1 775	2 317	2 298
辽宁	3 721	2 860	5 059	5 891	6 775	7 078	5 294	5 802	6 840	7 611
吉林	833	671	1 228	1 299	1 468	1 387	1 136	1 587	1 766	2 032
黑龙江	1 044	893	1 702	2 183	2 495	2 496	2 248	2 466	2 311	1 685
上海	8 993	6 749	11 713	14 715	14 997	15 707	12 515	14 479	16 835	17 835
江苏	23 274	21 854	44 012	50 212	54 491	67 640	69 083	78 459	76 285	100 640
浙江	26 970	19 103	31 579	40 230	44 906	45 127	46 379	47 051	52 272	61 113
安徽	4 943	5 370	11 622	15 775	19 176	23 544	26 267	29 757	32 299	34 500
福建	4 693	3 748	6 818	8 723	11 010	12 917	14 353	16 858	19 186	19 220
江西	813	729	1 429	1 784	2 851	3 993	4 932	7 527	11 831	16 034
山东	10 718	8 912	16 670	20 522	23 325	26 014	24 360	27 444	34 109	37 141
河南	4 389	3 436	6 161	7 397	8 391	9 656	9 515	10 433	13 652	16 826
湖北	4 591	3 447	5 984	7 449	9 510	9 852	9 974	11 698	13 577	17 070
湖南	4 528	3 990	7 747	9 586	10 153	10 483	10 470	10 906	13 013	16 056
广东	31 922	24 689	43 865	51 553	56 314	66 956	61 083	86 924	121 644	147 337
广西	768	657	1 251	1 790	2 603	2 832	2 657	3 320	3 313	3 803
海南	168	131	233	369	436	413	254	304	270	351
重庆	3 236	2 652	4 912	5 788	7 121	7 552	11 659	10 465	10 541	11 002
四川	2 894	2 111	3 580	7 953	9 156	11 503	12 622	12 960	16 289	16 018
贵州	861	681	1 230	1 653	2 008	2 370	2 179	2 594	3 262	3 643

地区	2009 年	2010 年	2011 年	2012 年	2013 年	2014 年	2015 年	2016 年	2017 年	2018 年
云南	610	538	1 045	1 422	1 627	1 835	2 161	2 953	3 289	3 773
陕西	1 536	1 363	2 657	3 234	4 229	4 302	4 332	4 866	5 635	6 207
甘肃	403	338	637	1 013	1 422	1 497	1 285	1 554	1 893	2 037
青海	66	55	102	127	195	225	176	366	445	524
宁夏	207	186	364	541	660	679	823	1 050	1 207	1 344
新疆	539	456	863	1 051	1 315	1 438	1 348	1 522	1 845	2 175

资料来源：笔者自制。

由表 3 - 13 可得区域高端装备制造业专利申请数量的具体数值。横向观察表 3 - 13 可知，各省份高端装备制造业的专利申请数整体呈上升趋势，表明中国高端装备制造业在一定程度上已拥有成熟的专利研发技术和完善的专利申请机制，并且同中部地区、西部地区以及东北地区相比，东部地区的专利申请数量上升最多。纵向看来，各区域、各省份的高端装备制造业专利申请数离散性较强，以 2018 年为例，海南省高端装备制造业专利申请数量为 351 件，而广东省为 147 337 件，是海南省的 419.76 倍，说明中国高端装备制造业专利申请数量具有显著的差异性。总体看来，区域高端装备制造业专利申请数量增速虽参差不齐，但仍呈上升态势，在一定程度上符合中国区域高端装备制造业的发展现状。

为了更好地揭示区域高端装备制造业专利申请数量的变化规律，生成中国区域高端装备制造业专利申请数量产出发展趋势图（见图 3 - 13）。

由图 3 - 13 可以看出，东部地区、中部地区、西部地区和东北地区的高端装备制造业专利申请数量整体呈稳步增长态势，其中东部地区的增势最为显著。对比各区域高端装备制造业专利申请数量各年份的走向能够发现，2010年各区域高端装备制造业专利申请数量均出现不同程度的下降，四个区域相比，属东部地区高端装备制造业专利申请数量下降最多，而东北地区高端装备制造业专利申请数量下降趋势最为缓慢。同时东部地区和东北地区的高端装备制造业专利申请数量于 2015 年出现大幅度下降趋势，除此之外，其余年份下各区域高端装备制造业专利申请数量均呈上升趋势。与中部地区、西部地区以及东北地区相比，东部地区高端装备制造业专利申请数量的件数最高，说明东部地区高端装备制造业拥有较为成熟的研发技术和充分合理的专利申请制度。东部地区高端装备制造业专利申请数量的提高在一定程度上带动了中部地区、西部地区和东北地区高端装备制造业专利申请数量的增加，进而为中国向制造业强国转变构建独特的竞争优势。

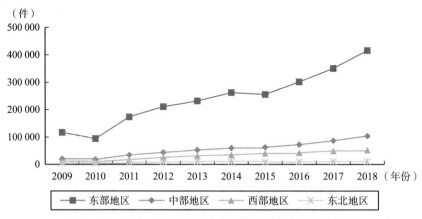

图 3 – 13　2009 ~ 2018 年区域高端装备制造业专利申请数

资料来源：笔者自制。

（二）区域高端装备制造业新产品销售收入现状

基于相关统计年鉴数据，对中国区域高端装备制造业的新产品销售收入进行统计分析，并揭示其发展变化规律，具体统计结果如表 3 – 14 所示。

表 3 – 14　　　　2009 ~ 2018 年区域高端装备制造业新产品销售收入　　　单位：亿元

地区	2009 年	2010 年	2011 年	2012 年	2013 年	2014 年	2015 年	2016 年	2017 年	2018 年
东部地区	14 082.50	21 655.95	44 008.59	44 476.31	49 952.33	56 514.71	60 148.16	50 049.60	76 679.79	78 666.86
中部地区	2 718.39	4 321.24	8 961.44	9 625.92	12 308.11	13 930.34	15 874.22	13 394.02	22 043.10	23 436.01
西部地区	2 172.69	3 089.77	5 957.97	5 163.06	5 793.77	6 585.45	7 507.51	5 889.74	9 821.96	9 150.53
东北地区	1 898.89	2 241.74	3 689.40	3 352.11	2 974.13	3 508.10	3 262.92	2 688.49	4 210.62	3 773.79
北京	897.73	1 187.49	2 166.70	1 879.54	2 030.78	2 393.69	2 050.59	1 685.44	2 424.69	2 414.42
天津	896.07	1 252.51	2 385.11	2 526.79	3 079.64	3 192.97	3 295.50	2 327.70	2 410.36	2 250.43
河北	368.86	576.20	1 182.38	1 392.34	1 612.36	1 879.13	2 000.07	1 618.31	2 744.34	3 051.93

地区	2009 年	2010 年	2011 年	2012 年	2013 年	2014 年	2015 年	2016 年	2017 年	2018 年
山西	199.62	280.44	536.02	525.96	568.01	521.17	479.47	447.57	908.52	1 133.08
内蒙古	105.90	160.47	323.04	329.44	347.52	314.12	382.52	321.59	661.88	600.17
辽宁	820.17	1 043.57	1 842.74	1 809.28	2 263.24	2 275.31	1 920.16	1 397.25	2 175.66	2 659.64
吉林	917.10	997.16	1 498.85	1 222.46	388.81	935.60	1 048.73	1 083.90	1 633.24	786.49
黑龙江	161.62	201.01	347.81	320.38	322.08	297.19	294.03	207.33	401.72	327.66
上海	1 726.05	2 486.48	4 838.64	4 192.28	4 251.13	4 760.87	4 298.44	3 726.35	5 926.31	5 718.05
江苏	2 702.43	4 395.97	9 240.06	10 109.99	10 900.56	13 268.13	14 075.06	11 585.07	16 822.16	16 590.82
浙江	2 012.74	3 085.02	6 256.32	6 392.73	8 228.74	9 304.15	10 839.19	8 826.30	12 449.38	13 604.26
安徽	486.16	887.25	1 981.36	2 114.21	2 421.32	2 976.41	3 384.37	3 019.97	5 205.20	5 563.76
福建	560.39	918.37	1 938.58	1 864.54	1 902.13	1 979.27	2 028.45	1 671.74	2 635.06	3 093.97
江西	161.53	273.05	586.37	729.20	930.54	989.93	1 184.43	1 293.95	2 270.41	2 633.39
山东	2 280.21	3 457.28	6 962.93	7 315.72	7 898.14	8 203.95	8 456.81	6 729.37	10 669.55	8 898.92
河南	561.51	812.98	1 587.62	1 459.50	2 649.33	2 913.32	3 330.97	2 522.64	4 176.78	4 487.37
湖北	574.40	923.96	1 929.56	2 095.27	2 573.60	2 972.86	3 266.24	2 769.23	4 428.47	5 173.05
湖南	735.17	1 143.55	2 340.52	2 701.78	3 165.32	3 556.65	4 228.74	3 340.66	5 053.72	4 445.37
广东	2 630.12	4 266.55	8 953.79	8 726.20	9 960.32	11 448.99	13 027.47	11 827.10	20 521.05	22 982.60
广西	260.74	385.39	763.31	700.76	877.28	760.00	939.77	817.12	1 323.93	1 070.21
海南	7.90	30.10	84.08	76.18	88.54	83.56	76.57	52.22	76.90	61.47
重庆	603.34	927.71	1 885.12	1 376.63	1 490.76	2 035.11	2 609.30	2 068.44	3 133.04	2 460.93
四川	692.65	806.17	1 307.57	1 187.44	1 368.98	1 528.14	1 664.20	1 255.97	2 167.92	2 087.40
贵州	59.96	119.15	276.55	217.14	203.65	230.17	226.97	237.27	356.44	436.00
云南	86.86	123.19	237.08	253.14	245.16	292.10	295.27	259.24	475.97	542.13
陕西	208.20	305.23	601.21	493.78	561.49	635.07	598.94	510.06	1 009.42	1 186.81
甘肃	74.47	138.77	312.95	337.33	342.00	405.44	330.31	125.03	203.72	160.59
青海	17.21	11.84	5.39	5.88	6.94	4.83	13.13	15.65	60.45	71.95
宁夏	30.54	44.20	86.28	105.16	154.62	107.81	162.65	83.61	197.32	281.71
新疆	32.81	67.66	159.47	156.38	195.37	272.67	284.45	195.75	231.85	252.65

资料来源：笔者自制。

　　表 3-14 展示出区域高端装备制造业新产品销售收入的具体数值和变化情况。观察各区域、各省份的销售收入情况可知，各区域和各省份的高端装备制

造业新产品销售收入总体而言均呈增长态势，其中江苏、浙江、山东和广东的高端装备制造业新产品销售收入涨幅较为显著，而黑龙江、海南、青海的增长速度较为缓慢。观察各区域、各省份同一年份的高端装备制造业新产品销售收入情况能够发现，各区域、各省份高端装备制造业新产品销售收入间具有较大的差异，如广东省高端装备制造业在 2018 年的新产品销售收入约为 22 982 亿元，而海南省约为 61 亿元，两者相比，广东省高端装备制造业新产品销售收入约为海南省的 376 倍之多，可见，区域高端装备制造业新产品销售收入存在较为显著的地域差异性。总体看来，区域高端装备制造业新产品销售收入呈逐步增加的发展态势，说明中国高端装备制造业新产品拥有较为明朗的发展前景。

为了更好地揭示区域高端装备制造业新产品销售收入现状的变化规律，生成中国区域高端装备制造业新产品销售收入发展趋势图，如图 3 - 14 所示。

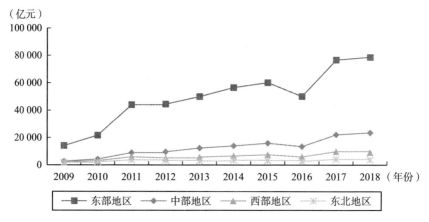

图 3 - 14　2009 ~ 2018 年区域高端装备制造业新产品销售收入

资料来源：笔者自制。

从图 3 - 14 能够看出，东部地区、中部地区、西部地区和东北地区高端装备制造业新产品销售收入于 2016 年出现下降，其中东部地区下降趋势最为明显，而东北地区下降幅度最小。其余年份均呈增长态势，并且东部地区的上升趋势最显著，说明与中部地区、西北地区和东北地区这三个区域相比，东部地区高端装备制造业研发设计的新产品更符合市场需求，发展前景更好。而东北地区高端装备制造业新产品销售收入增长速度较为缓慢，本书认为造成这一现象的原因可能是近年来人才的流失导致该区域高端装备制造业无法准确识别市场需求，同时高技术复合型人才的缺乏不利于东北地区高端装备制造业设计研发符合市场需求的新产品。中部地区和西部地区高端装备制造业的新产品销售收入位于中间位置，二者呈齐头并进的良好发展态势。总体而言，中国区域高端装备制造业新产品销售收入呈稳步增长趋势，在一定程度上推动了中国制造业强国战略的实现。

第二篇　技术创新效率篇

第四章

高端装备制造业细分行业
技术创新效率研究

随着美国等发达国家对中国技术打压与封锁的持续加剧，加强技术创新建设已经成为中国经济社会发展到一个特定历史时期的必然选择。中国高端装备制造业不断拓宽中国特色社会主义技术创新道路，通过技术创新深化产业结构改革，落实创新驱动发展战略，不仅提升了中国高端装备制造业全行业的国际竞争力，而且保障中国经济的高质量发展。中国高端装备制造业技术创新集中体现在其行业内生技术的积累，并逐步实现了地区和国家层面的技术突破及商品化。如中国高铁通过"战略布局—正向设计—技术知识产权创新及标准体系建设"的技术创新模式，实现了高铁发展的弯道超车，引领全球高铁行业发展。华为也通过类似的战略布局，以在电子高端装备制造业多年技术创新的积累，突破发达国家的技术封锁，甚至反制发达国家。可见，中国高端装备制造业在技术创新领域已经迈出关键一步，并取得了大量的技术创新成果。然而，虽然中国高端装备制造业体量继续保持全球领先，但其在底层基础技术创新能力方面与发达国家尚存在较大差距，中国高端装备制造业整体技术创新水平仍然相对较低。因此，中国高端装备制造业能否进行持续而稳定的高效率技术创新已成为一个亟待研究的课题。

国内外学者已围绕技术创新进行了大量研究，关于研究成果主要集中于创新资源投入、创新成果产出、创新能力评价、创新控制变量、创新模式与路径等方面。创新资源投入方面，马修斯（Matthews，2017）的研究表明创新资源约束会制约发展中国家技术创新体系的构建；刘振和刘博（2018）的研究表明管理者股权薪酬对企业技术创新投资具有"N"型影响；李金生等的研究则表明高技术企业的知识创造在不同阶段对企业创新绩效的影响具有异质性。技术创新成果产出方面，埃雷里亚斯、夸德罗斯和罗（Herrerias，Cuadros and De Luo，2016）的研究表明技术创新有利于提升国家能源利用效率；有学者的研究表明技术创新可以有效促进产业发展和升级；诸竹君等（2018）、何郁冰等（2019）、曲如晓等（2019）和豪厄尔（Howell，2019）的研究表明技术创新对贸易进口中间品质量、制造业出口质量、净出口率指数、比较优势指数和企业生产力等都具有积极影响。除直接效应外，技术创新对其他经济要素的效应还具有一定的调节作用，如周杰琦等（2019）的研究表明技术创新能力可以正向提高 FDI 的效应。技术创新控制变量是相关研究的重要领域，如豪厄尔（Howell，2015）研究了异质性风险和公共补贴对技术创新的影响，其研究表明谨慎型的风险观有助于提升技术创新效率，公共补贴则可以促进产业的技术创新；王淑敏和王涛（2017）的研究表明社会资本对企业技术创新能力的影响具有异质性；许婷等（2017）的研究表明股东参与度对技术创新有负向影响，而官僚型文化可以弱化该负向影响；西尔斯（Sears，2018）的研究表明企业间的并购会延迟技术创新；王春元和叶伟巍（2018）的研究表明双重税收优惠政策对企业技术创新存在抑制作用；李勇（2018）的研究表明信贷所有制歧视和软预算约束对企业技术创新活动不仅具有"挤出效应"，还具有"补偿效应"；程文和张建华（2018）的研究指出消费者收入因素对内资企业的技术创新行为的影响具有异质性；胡国柳等（2019）的研究表明董事高管责任保险能推动企业的技术创新行为；马宗国（2019）的研究表明中小企业研究联合体技术创新能力主要受 RJVs 协作、公司战略和政府支持等因素的影响；苏敬勤等（2019）的研究表明政治嵌入与创新绩效间无显著相关关系；张建清等（2019）的研究显示无形技术外溢对区域技术创新能力有显著促进作用。技术创新路径或模式方面，安东尼和巴贾伊（Anthony and Bajaj，2016）在对技术创新特征进行分析的基础上提出了技术创新的具体实现路径；有学者的研究表明国家技术创新示范区是培育技术创新能力的有效路径；李明惠（2018）提出后发优势下大企业集群技术创新推进模式；高传贵和张莹（2018）从路径、模式与实现机制等三个方面构建了企业技术创新实现路径理论框架；张永旺等（2019）的研究表明打破体制机制藩篱、优化研发投入结构和提高创新服务能力可实现技术创新。而具体到中国高端装备制造业技术创新领域的研究成果则较为稀缺，如陈爱贞（2012）以通信设备制造业为例揭示了技术标准受控对产业技术创新的捆绑约束作用；吕铁和江鸿（2017）以高铁产业为例研究了技术能力建设和人力资源积累是实现高铁产业从技术追赶到技术创新演进的主要控制变量；赵丹和孙冰等（2018）建立了高端装备制造业技术创新能力的评价体系。

通过对国内外相关研究成果的梳理可以发现，一方面技术创新已经成为中国实现产业高质量发展、落实创新驱动发展战略的必然选择；另一方面中国产业技术创新进程又受宏观技术创新环境和创新资源约束等多重因素的制约，因此能否进行持续性的高效率技术创新存在较大不确定性。然而，目前缺乏针对高端装备制造业技术创新的研究，因此无法为中国高端装备制造业等各类产业的技术创新实践提供有针对性的理论支持与策略指导。针对相关领域研究成果的缺失，基于创新资源的稀缺性从高端装备制造业多维效率视角展开系统研究，从投入、产出和控制变量三个维度构建中国高端装备制造业技术创新评价指标体系，在此基础上，基于数据时效性和可得性，以2006~2016年的行业面板数据为基础，对中国高端装备制造业全行业技术创新多维效率进行测度和分析，揭示其变化规律并提出提升中国高端装备制造业技术创新效率的策略。本书研究成果可为提高中国高端装备制造业创新体系稳定性、提升产业技术创新效率和创新资源利用率提供有针对性的理论支撑与策略支持。

第一节　高端装备制造业分行业技术创新效率评价体系构建

一、分行业技术创新效率评价指标体系

高端装备制造业技术创新效率综合反映了产业的科技创新能力，是一段时间内技术创新投入与创新产出的比值，表明产业技术创新过程中资源要素投入产出的转化情况。因此，高端装备制造业技术创新效率主要由技术创新投入和技术创新产出决定。此外，作为开放性创新体系，高端装备制造业的技术创新还受市场因素、政策因素及外源性技术创新因素的影响。基于此，本书从高端装备制造业技术创新投入、技术创新产出和控制变量三个方面构建效率评价指标体系。

（一）分行业技术创新投入评价指标

高端装备制造业技术创新投入主要外显于资金投入和人力资源投入两大方面。

资金投入方面，试验发展的支出往往作为技术研发的后盾，试验发展支出的不足可能导致技术研发无法顺利进行，进而影响技术创新效率的提升。技术创新最终要实现产品和服务升级的创新目标，这就需要新产品的研发投入，相关研究表明新产品研发投入能够有效增加技术创新产出的迭代，进而持续提升产业技术创新能力。此外，技术创新的发展还需要在固定资产等方面持续投入，以保障技术创新进程。

人力资源投入是技术创新发展的重要基石。人力资源投入可以细化为人力资源投入质量和人力资源投入数量两个方面。数量方面，人力资源投入的增加有助于达到其规模阈值，实现从量变到质变的跨越，从而促进中国高端装备制造业技术创新效率的提升；质量方面，人力资源质量的改善可增加单位人力资源的创新产出，提升高端装备制造业技术创新效率。

（二）分行业技术创新产出评价指标

高端装备制造业技术创新产出主要体现在专利产出和新产品产出两个层面。专利产出能够有效反映企业技术知识产权的丰富程度。有效产出数量越大，企业技术创新能力越强。新产品的销售情况反映了市场对新技术的接受程度，新产品销售收入的提升对技术创新有正向影响，能够有效反哺技术创新投入，激励企业对技术创新加大投入。

（三）分行业技术创新控制变量评价指标

通过对技术创新控制变量的综合分析发现，中国高端装备制造业技术创新主要受外源性创新、市场环境和政策支持等三个方面因素的影响。在开放式创新环境下，外源性创新一方面带来了创新的理念、方法、技术和成果，能有效促进中国高端装备制造业的技术创新，但另一方面又会对行业技术创新造成较为严重的冲击。借鉴相关研究成果，采用外商直接投资对外源性创新进行评价。市场环境方面，一方面合理的市场竞争能够有效刺激企业加大技术创新投入，通过提升技术创新效率进一步增强企业竞争力，同行业企业数量越多，代表竞争越激烈，所以选用行业企业数作为市场环境的评价指标；另一方面，企业规模直接决定了其市场竞争力的高低，因此市场环境的相对状况在一定程度上还取决于企业规模。借鉴相关研究成果采用企业平均固定资产原值对其进行评价。技术创新离不开政策支持，政府通过对企业的直接或间接扶持能够有效缓解企业在技术创新过程中面临的各种问题，有效帮助企业开展技术创新活动。借鉴相关研究成果，选取创新资本投入中政府资金投入作为政府支持的参考指标。

综上所述，从中国高端装备制造业技术创新效率内涵及控制变量出发，在充分借鉴相关研究成果的基础上，从技术创新投入、技术创新产出和技术创新评价控制变量等三个方面建立技术创新效率评价指标体系，如表 4 - 1 所示。

表 4 - 1　　　　中国高端装备制造业分行业技术创新效率评价指标体系

目标层	准则层	领域层	指标层
中国高端装备制造业分行业技术创新效率	技术创新投入	资金投入（研发与新产品投入）	试验发展支出与固定资产投入（亿元）
			新产品研发费用（万元）
		人力投入	R&D 人员全时当量中研究人员（人年）
	技术创新产出	专利	行业年专利有效数（个）
		创新产品产出	新产品销售收入（亿元）
	技术创新评价控制变量	外源性创新	行业外商直接投资（亿元）
		市场环境（市场竞争与企业规模）	行业企业单位数（个）
			企业平均固定资产原值（万元）
		政府支持	资本投入中政府资金投入（亿元）

资料来源：笔者自制。

二、分行业技术创新效率评价模型构建

DEA-Malmquist 指数方法主要被用于动态效率变化趋势的测度，能够有效克服数据包络分析方法（DEA）对面板数据对比不充分的问题。因此，本书采用 DEA-Malmquist 指数方法对技术创新效率进行测度。

借鉴相关学者基于 DEA 的 Malmquist 指数模型，通过定向输出方法对中国高端装备制造业技术创新效率进行测度。定义输出变量的距离函数如式（4 - 1）所示。

$$D_0(x, y) = \inf\{\delta : (x, y/\delta) \in p(x)\} \qquad (4-1)$$

式（4 - 1）中，x 和 y 分别表示输入变量和输入变量矩阵，δ 代表 *Farrell* 的定向输出效率指标，$p(x)$ 表示可能生产集合。如果 y 位于 $p(x)$ 内部，则函数值将小于或等于 1；若 y 在 $p(x)$ 的外部边界上，则函数值将等于 1；若 y

在 $p(x)$ 之外，则函数值大于 1。

从 t 时期到 $t+1$ 时期，度量全要素生产率增长的 Malmquist 指数可以表示如式（4-2）所示。

$$MI_0(x_{t+1},\ y_{t+1},\ x_t,\ y_t) = \left[\frac{D_0^t(x_{t+1},\ y_{t+1})}{D_0^t(x_t,\ y_t)} \times \frac{D_0^{t+1}(x_{t+1},\ y_{t+1})}{D_0^{t+1}(x_t,\ y_t)}\right]^{\frac{1}{2}}$$

$$(4-2)$$

式（4-2）中，$(x_{t+1},\ y_{t+1})$ 和 $(x_t,\ y_t)$ 分别表示 $(t+1)$ 时期和 t 时期的投入和产出向量；D_0^t 和 D_0^{t+1} 分别表示以 t 时期技术 T^t 为参照，t 时期和 $(t-1)$ 时期的距离函数。

以 t 时期技术 T^t 为参照，基于产出角度的 Malmquist 指数可以表示如式（4-3）所示。

$$MI_0^t(x_{t+1},\ y_{t+1},\ x_t,\ y_t) = \frac{D_0^t(x_{t+1},\ y_{t+1})}{D_0^t(x_t,\ y_t)}$$

$$(4-3)$$

以 $(t+1)$ 时期技术 T^{t+1} 为参照，基于产出角度的 Malmquist 指数可以表示如式（4-4）所示。

$$MI_0^{t+1}(x_{t+1},\ y_{t+1},\ x_t,\ y_t) = \frac{D_0^{t+1}(x_{t+1},\ y_{t+1})}{D_0^{t+1}(x_t,\ y_t)}$$

$$(4-4)$$

根据法里、格罗斯科夫和诺里斯等（Fare, Grosskopf and Norris, et al., 1994）的研究成果，在规模报酬不变的假定下，Malmquist 指数可以分解为综合效率变化指数（EC）和技术水平指数（TC）的乘积，如式（4-5）、式（4-6）和式（4-7）所示。

$$MI_0(x_{t+1},\ y_{t+1},\ x_t,\ y_t) = EC_0(x_{t+1},\ y_{t+1},\ x_t,\ y_t) \times TC_0(x_{t+1},\ y_{t+1},\ x_t,\ y_t)$$

$$(4-5)$$

$$EC_0(x_{t+1},\ y_{t+1},\ x_t,\ y_t) = \frac{D_0^{t+1}(x_{t+1},\ y_{t+1})}{D_0^t(x_t,\ y_t)}$$

$$(4-6)$$

$$TC_0(x_{t+1},\ y_{t+1},\ x_t,\ y_t) = \left[\frac{D_0^t(x_{t+1},\ y_{t+1})}{D_0^{t+1}(x_t,\ y_t)} \times \frac{D_0^t(x_{t+1},\ y_{t+1})}{D_0^{t+1}(x_t,\ y_t)}\right]^{\frac{1}{2}}$$

$$(4-7)$$

当 $EC > 1$ 和 $TC > 1$ 时，决策单元效率上升，反之效率下降。

基于线性规划对高端装备制造业技术创新投入与产出的各种距离函数进行测度，即可求得 Malmquist 生产率指数。对于 t 时期到 $(t+1)$ 时期第 i 种高端装备制造业环境技术创新效率的变化，需要计算如下四个基于 DEA 的距离函数：

$$\begin{cases} [D_0^t(x_t,\ y_t)]^{-1}=\max_{\varphi,\lambda}\varphi \\ st-\varphi y_{i,t}+Y_t\lambda\geq 0 \\ x_{i,t}-X_t\lambda\geq 0 \\ \lambda\geq 0 \end{cases} \qquad \begin{cases} [D_0^{t+1}(x_{t+1},\ y_{t+1})]^{-1}=\max_{\varphi,\lambda}\varphi \\ st-\varphi y_{i,t+1}+Y_{t+1}\lambda\geq 0 \\ x_{i,t+1}-X_{t+1}\lambda\geq 0 \\ \lambda\geq 0 \end{cases}$$

$$\begin{cases} [D_0^t(x_{t+1},\ y_{t+1})]^{-1}=\max_{\varphi,\lambda}\varphi \\ st-\varphi y_{i,t+1}+Y_t\lambda\geq 0 \\ x_{i,t+1}-X_t\lambda\geq 0 \\ \lambda\geq 0 \end{cases} \qquad \begin{cases} [D_0^{t+1}(x_t,\ y_t)]^{-1}=\max_{\varphi,\lambda}\varphi \\ st-\varphi y_{i,t}+Y_{t+1}\lambda\geq 0 \\ x_{i,t}-X_{t+1}\lambda\geq 0 \\ \lambda\geq 0 \end{cases}$$

第二节　高端装备制造业分行业技术创新效率测度与分析

一、数据来源

数据来源为 2007～2019 年的《中国统计年鉴》《中国科技统计年鉴》和《中国工业经济统计年鉴》。通过整理发现部分数据缺失，基于对各地区统计年鉴相关数据的综合整理与分析，借鉴相似研究成果，本书采取相近两年数据的均值进行插值处理。考虑到研究发展具有一定的滞后期，参考相关研究，本书选择 2 年作为滞后期。选取 2006～2016 年的投入数据作为中国高端装备制造业技术创新的投入指标，2008～2018 年的产出数据作为中国高端装备制造业技术创新的产出指标。

二、细分行业技术创新多维效率测度

运用前文模型及相关软件对中国高端装备制造业分行业技术创新效率进行测度，得到其综合效率值（CR）、纯技术效率值（VR）和规模效率值（SC），如表 4－2 所示。

表 4 - 2　　　　　中国高端装备制造业分行业技术创新多维效率值

年份	效率	A0	A1	A2	A3	A4	A5	A6
2006~2008 年	CR	0.818	0.859	0.943	0.936	0.834	0.835	0.887
	VR	0.918	0.944	1.000	0.967	0.885	0.839	0.999
	SC	0.891	0.910	0.943	0.968	0.942	0.995	0.888
2007~2009 年	CR	0.847	0.958	0.958	0.954	0.875	0.930	0.913
	VR	0.923	1.000	0.998	0.978	0.915	0.937	0.913
	SC	0.918	0.958	0.960	0.975	0.956	0.992	1.000
2008~2010 年	CR	0.597	0.578	0.612	0.847	1.000	0.766	0.560
	VR	0.740	0.639	0.678	0.942	1.000	0.775	0.639
	SC	0.807	0.905	0.902	0.899	1.000	0.989	0.876
2009~2011 年	CR	0.899	0.890	0.920	0.980	1.000	0.942	0.973
	VR	0.957	0.917	0.943	0.980	1.000	0.969	0.973
	SC	0.939	0.971	0.976	1.000	1.000	0.972	1.000
2010~2012 年	CR	0.820	0.941	1.000	1.000	0.954	0.907	0.971
	VR	0.916	0.941	1.000	1.000	0.954	1.000	1.000
	SC	0.895	1.000	1.000	1.000	1.000	0.907	0.971
2011~2013 年	CR	0.813	0.837	0.897	0.924	0.834	0.801	0.777
	VR	0.891	0.920	1.000	0.936	0.843	0.922	0.821
	SC	0.913	0.910	0.897	0.987	0.989	0.869	0.947
2012~2014 年	CR	0.794	0.812	0.835	0.997	0.903	0.816	0.899
	VR	0.907	0.927	0.951	1.000	0.936	0.919	1.000
	SC	0.875	0.876	0.878	0.997	0.965	0.888	0.899
2013~2015 年	CR	0.722	0.767	0.766	0.985	0.822	1.000	0.734
	VR	0.844	0.900	0.878	0.989	0.842	1.000	0.791
	SC	0.856	0.852	0.872	0.996	0.976	1.000	0.928
2014~2016 年	CR	0.739	0.825	0.800	1.000	0.960	0.822	0.712
	VR	0.896	1.000	1.000	1.000	1.000	1.000	0.820
	SC	0.825	0.825	0.800	1.000	0.960	0.822	0.868

年份	效率	A0	A1	A2	A3	A4	A5	A6
2015～2017年	CR	0.756	0.887	0.892	1.000	0.978	0.876	0.752
	VR	0.904	1.000	1.000	1.000	1.000	0.961	0.854
	SC	0.836	0.887	0.892	1.000	0.978	0.912	0.881
2016～2018年	CR	0.839	0.912	0.876	1.000	0.965	0.898	0.784
	VR	0.941	1.000	0.947	1.000	1.000	1.000	0.824
	SC	0.892	0.912	0.925	1.000	0.965	0.898	0.952
均值	CR	0.786	0.842	0.864	0.966	0.920	0.872	0.815
	VR	0.894	0.926	0.945	0.981	0.943	0.938	0.876
	SC	0.877	0.910	0.913	0.984	0.976	0.931	0.928

资料来源：笔者自制。

三、细分行业技术创新多维效率分析

从产业维度来看，中国高端装备制造业技术创新综合效率为 0.786，纯技术效率为 0.894，规模效率为 0.877，纯技术效率略高于规模效率，该结果一方面说明中国高端装备制造业的技术创新效率尚有一定上升空间，另一方面也说明其在创新资源投入方面尚未达到效率拐点，继续增加技术创新资源投入有利于提高创新效率。从子行业角度来看，中国高端装备制造业各子行业的三种效率均在行业整体效率附近波动，其中运输设备制造业、电气机械及器材制造业和电子及通信设备制造业的三种效率均稳定在0.9以上，其技术创新效率较高；而金属制品业和仪器仪表及文化办公用品制造业的技术创新效率相对较低，该结果与中国高端装备制造业各细分行业的产业创新现状基本相符。

从时间维度来看，中国高端装备制造业及其子行业的技术创新效率随时间出现了一定的波动，其波动曲线如图4-1所示。

可以看出，除电器装备及器材制造业外的6个子行业，均在2008～2010年出现明显的下降，分析原因可能是受到全球金融危机的负面影响，而电器装备及器材制造业技术创新效率为1.000，这可能是技术创新研发周期较长导致的（在2011～2013年出现了一定幅度的下降）；2010～2012年中国高端装备制造业及其子行业的技术创新效率均出现明显回升，该结果可归因为针对金融

危机出台的各项经济促进政策的短时刺激作用的显现；而在 2013 年后，中国高端装备制造业部分子行业的技术创新效率出现了一定的下滑，其原因可能是经济刺激政策的负面效果开始显现，但从中国高端装备制造业整体来看，其技术创新效率在高位维持了稳定。2016 年后，中国高端装备制造业的技术创新效率又出现了一定回升，该结果说明随着中国高端装备制造业技术创新能力的不断提升及创新成果的持续累积，其技术创新体系已经较为完善，产业技术创新进入另一个高投入、高产出的良性发展轨道。

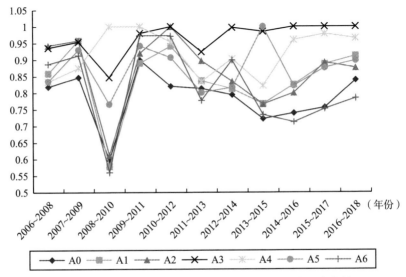

图4－1　中国高端装备制造业分行业技术创新效率值变化情况

资料来源：笔者自制。

从细分效率维度来看，中国高端装备制造业及其大部分细分行业技术创新纯技术效率和规模效率随时间变化趋势较为相近，两种效率除在 2008～2010 年出现明显下滑外，均维持相对稳定。该结果及其原因与综合技术创新效率一致。纯技术效率变化情况和规模效率变化情况分别如图 4－2 和图 4－3 所示。

从细分效率视角来看，在纯技术效率方面，电器装备及器材制造业在 2008～2010 年测度期内，其纯技术效率与其他子行业不同，呈明显的上升态势，结合其产业创新实践可以推断该结果主要是研发回报周期较长导致。在规模效率方面，交通运输设备制造业规模效率在整个测度期内较为稳定，而金属

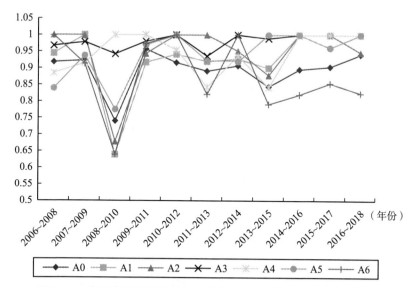

图4-2　中国高端装备制造业分行业技术创新纯技术效率变化情况

资料来源：笔者自制。

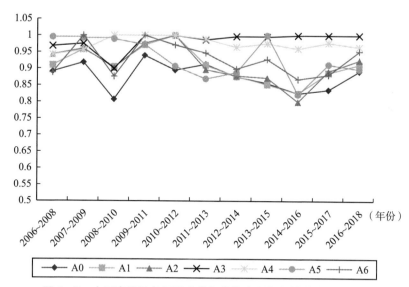

图4-3　中国高端装备制造业分行业技术创新规模效率变化情况

资料来源：笔者自制。

制品业规模效率受经济形势影响波动最明显；2013 年以后，通用设备制造业、专用设备制造业和电子及通信设备制造业规模效率仍在持续下降。结合产业发展实践可以推断，该结果可能是市场竞争日趋激烈、行业向高精尖转型等原因造成的。总体而言，中国高端装备制造业及其细分行业的纯技术效率和规模效率除在 2008～2010 年测度期内出现小幅下降外，基本维持了稳定。

本章聚焦于中国高端装备制造业技术创新效率，基于创新资源的稀缺性，从多维效率视角展开系统研究，主要取得如下研究成果。

（1）从行业整体来看，中国高端装备制造业整体技术创新的综合效率、纯技术效率和规模效率呈现出趋同的演进趋势，三种效率除在 2008～2010 年测度期内出现明显下降外，基本保持稳定上升态势。可见中国高端装备制造业技术创新体系得到整体性改善，宏观技术创新环境和创新资源约束得到持续改善，但技术创新效率的增幅正在逐渐放缓，说明中国高端装备制造业技术创新处于瓶颈期，加快技术创新转型、改善技术创新环境及管理机制势在必行。

（2）从细分行业来看，中国高端装备制造业各子行业的三种效率均在行业整体效率附近波动，其中交通运输设备制造业、电气装备及器材制造业和电子及通信设备制造业的创新效率较高且稳定；而金属制品业和仪器仪表及文化办公用品制造业的技术创新效率相对较低。该结果表明，随着中国高端装备制造业技术创新能力的不断提升及创新成果的持续累积，个别细分行业由于研发回报周期较长、受经济形势影响较大等原因导致其技术创新效率仍旧较低，但整体来看产业技术创新体系已经较为完善。

第五章

区域高端装备制造业技术创新效率研究

  区域创新是技术创新研究的重要课题，对加速中国创新系统建设有重要意义，它是连接宏观层面创新与企业层面创新的桥梁，测度研究区域技术创新效率在整个技术创新体系研究中举足轻重。中国目前地区经济成长失衡的深层因素就是地区之间技术创新效率的差别，这也迫使我们对技术创新效率进行地区性测度研究。因此，无论是克服困难、解决高端装备制造业发展中的问题，还是促进经济持续增长、增加中国的综合竞争力，都需要关注高端装备制造业的技术创新发展，测度并评价该产业区域技术创新效率及其水平。

  国内外对技术创新效率方法的探究成果丰硕。技术创新效率的概念最早由阿弗里亚特（Afriat）提出，他认为研发创新活动的投入和产出之比同生产边界显著关联。随后众多的中外学者阐释了对技术创新效率的不同理解和定义。有学者指出技术创新效率是在某一固定期间内，技术创新投入与产出之间对应的比例关系，反映技术创新资源投入对产出的贡献比重；也有学者认为技术创新效率是指技术创新产出与总投入的比率。本书综合上述对技术创新效率概念的界定，进一步结合高端装备制造业的发展状况，参考邵云飞和党雁（2017）的研究，将技术创新效率定义为在技术创新过程中各投入要素转化为产出的效率。简言之，以较少的投入，运用各种科学、有效的配置方法获得更多产出，从而提升资源的利用率。

  目前学术界最常用的关于技术创新效率的测量与评价方法有两种：一是单一指标的投入产出评价，一般用比较简单的算术比例法；二是对多投入和多产出指标采用的评价方法，包括参数方法和非参数方法。参数方法以随机前沿分析方法（SFA）为代表，非参数方法以数据包络分析方法（DEA）为代表。DEA 是评价具有多投入和多产出决策单元的一种较好的方法。查恩斯和库珀

（Charnes and Cooper）提出用数据包络分析方法计算技术效率，以相对有效率概念为基础，根据一组关于输入、输出观察值估计有效前沿面，并根据各决策单元与有效生产前沿面的距离确定各 DMU 是否有效。纳西罗夫斯基和阿尔塞卢斯（Nasierowski and Arcelus，2000，2003）均采用两阶段 DEA 模型技术研究了创新活动的规模和资源配置对创新效率的影响。拉布和科塔姆拉朱（Rabb and Kotamraju，2006）选取 50 家美国企业为样本，运用 DEA 模型分析了其技术创新效率。桥本和半田（Hashimoto and Handa，2008）利用 DEA-Malmquist 指数分析法测度了 1983～1992 年日本制药企业研发效率，结果表明，其研发效率在样本期内呈单调递减趋势。1997 年，我国学者柳卸林首次提出技术创新效率的评价问题，并从企业角度对技术创新效率进行了测算。冯缨等（2010）运用投入导向 DEA 模型测度了江苏省高技术产业技术创新效率，并与北京、天津等 5 地进行比较，结果表明，江苏省高技术产业技术创新能力与技术创新效率高度相关，科技人员与经费均存在冗余，技术创新效率较低。陈建丽、孟令杰等（2014）基于两阶段视角，结合 DEA 窗口分析方法和 SBM 模型测度了中国高技术产业 17 个细分行业的技术创新效率变动趋势。吴旭晓（2015）采用 DEA 方法测算了中国高技术产业的创新效率，并将其分解为技术效率、纯技术效率和规模效率。

目前，中国学者主要从企业绩效、产业升级和技术创新三个视角关注高端装备制造业发展。在技术创新视角下，唐孝文和孙悦等（2021）基于 2011～2018 年中国高端装备制造业数据对七个高端装备制造业子行业进行技术创新能力的测度分析，实证检验了技术进步和产业特征对技术创新能力的正向影响。梅洪常和马华俊（2019）以重庆市为例，运用 DEA 和 DEA-Malmquist 指数分析法，对 2010～2016 年重庆市高端装备制造业具有代表性的 4 个细分行业的技术创新效率进行静态和动态评价。结果表明，重庆市高端装备制造业技术创新效率较高，但有部分行业未能达到 DEA 有效，其中仪器仪表制造业最弱。范德成和杜明月（2018）从投入产出角度出发，基于价值链理论，将技术创新活动分为技术研发和技术转化两个阶段，并构建两阶段 StoNED 模型，采用 2011～2014 年的行业面板数据作为样本数据，对高端装备制造业技术创新资源配置效率进行测度和比较，结果表明，我国高端装备制造业技术创新资源配置的整体和阶段效率在子行业间存在不同程度的波动和差异，技术研发阶段效率偏低制约着整体效率的最优化。吉海涛（2014）研究认为，促进高端装备制造业技术创新，企业可以利用协同效应，与行业内部其他领头企业、政府、科研机构、融资机构等合作,利用各方优势,为技术创新创造条件。通过上述文献梳理可知,目前的研究大多基于高端装备制造业行业视角或研究某个区域高端装备制造业技术创新效率,对于高端装备制造业不同区域技术创新效率的比较研究较少。本书基于 2006~2016 年中国 30 个省份的数据,采用 DEA 方法对我国高端装备制造业技术创新效率进行测算分析,为提升区域高端装备制造业技术创新效率提供理论支撑与策略支持。

第一节 区域高端装备制造业技术创新效率评价体系构建

一、区域产业技术创新效率评价指标体系

区域高端装备制造业技术创新效率综合反映了区域产业的科技创新能力,是一段时间内技术创新投入与创新产出的比值,表明区域产业技术创新过程中资源要素投入产出的转化情况。因此,区域高端装备制造业技术创新效率主要是由技术创新投入和创新产出所决定的。此外,作为开放性创新体系,区域高端装备制造业的技术创新还会受经济因素、市场因素及政策因素的影响。基于此,本书从区域高端装备制造业技术创新投入、产出和控制变量三个方面构建其效率评价指标体系。

(一)区域高端装备制造业技术创新投入评价指标

区域高端装备制造业技术创新投入主要外显于资金投入、人力资源投入和物质资源投入三个方面。

资金投入方面,R&D 内部经费支出指行业内实施技术研发活动而实际发生的全部费用,R&D 内部经费支出不足可能导致产业技术研发无法顺利进行;技术改造经费支出指行业进行技术改进所产生的费用,能有效反映技术引进创新投入程度。因此本书选取 R&D 内部经费支出和技术改造经费支出衡量技术创新资源投入。

人力资源投入是技术创新发展的重要基石。增加人力资源投入,能促进高端装备制造业技术创新效率的提升。R&D 人员全时当量指行业内研发人员占该行业全部就业人员的比重,反映行业人才激励水平,故选取 R&D 人员全时当量衡量技术创新人力投入。

物质资源投入是技术创新发展的基础保障。充分的物质资源投入能够为技

术创新提供发展温床，提高高端装备制造业的技术创新水平。研发机构数指行业内专业从事研发活动的组织数量，反映了行业的技术创新活力，故选取研发机构单位数衡量技术创新物质投入。

（二）区域高端装备制造业技术创新产出评价指标

区域高端装备制造业技术创新产出主要体现在专利产出和新产品产出两个层面。专利产出能有效反映产业技术发展活动的活跃程度，考虑到未授权专利仍是产业技术创新产出成果，选取专利申请数衡量专利产出；新产品的销售情况反映了市场对新技术的接受程度，新产品销售收入的提升对技术创新具有正向影响，能够有效反哺技术创新投入，故选取新产品销售收入衡量新产品产出。

（三）区域高端装备制造业技术创新评价控制变量

区域高端装备制造业的技术创新受多种环境因素影响，包括经济因素、市场因素及政策因素等。产业规模指行业的生产总值，能在一定程度上反映产业的生产力水平，是影响产业技术研发的重要经济因素；产业集中度指行业内企业单位数，反映了行业的集聚效应；政府支出力度指资金投入中政府资金投入的占比，反映政府颁布的科技政策对行业创新的支持力度。区域高端装备制造业技术创新效率评价指标体系如表 5-1 所示。

表 5-1　　　　区域高端装备制造业技术创新效率评价指标体系

目标层	准则层	领域层	指标层
区域高端装备制造业技术创新效率	技术创新投入	资金投入	R&D 经费内部支出（万元）
			技术改造经费支出（万元）
		人力投入	R&D 人员全时当量（人年）
		物质投入	研发机构单位数（个）
	技术创新产出	科技	专利申请数（个）
		经济	新产品销售收入（万元）
	技术创新控制变量	产业规模	产业总产值（万元）
		产业集中度	行业企业单位数（个）
		政府支持	资金投入中政府资金投入（万元）

资料来源：笔者自制。

二、区域产业技术创新效率评价模型

技术创新效率的测度通常选用的模型有 SFA 和 DEA 两种，鉴于 DEA 样本数据选择相对容易，更适合分析多投入多产出的数据类型，本书选择使用产出导向的 DEA—BCC 模型测度高端装备制造业的技术创新效率。

规模报酬可变的 BCC 模型。假如有单元（X_i，Y_j），第 i 项投入值为 X_{ij}，第 r 项产出值为 Y_{ij}，则可根据式（5-1）求解第 j 个单元的生产效率。

$$\max \sum_{r=1}^{s} u_r y_{rj} - u_0 \qquad (5-1)$$

$$\begin{cases} \sum_{i=1}^{m} v_i x_{ij} = 1 \\ \sum_{r=1}^{s} u_r y_{rj} - \sum_{i=1}^{m} v_i x_{ij} \leqslant 0 (j = 1, 2, \cdots n) \\ u_r, v_i \geqslant 0, (r = 1, 2, \cdots s), (i = 1, 2, \cdots m) \end{cases}$$

其中，u_r 表示第 r 个产出项的权重；v_i 表示第 i 个投入项的权重；n 表示评价单元数目，代表 n 年的数据单元；s 为输出项的个数，代表 s 个产出指标；m 为输入因子的数目，表示 m 个投入指标。

第二节　区域高端装备制造业技术创新效率测度与分析

一、数据来源

根据国民经济行业分类与代码（GB/T 4754—2017），借鉴黄鲁成等（2016）的相关研究成果，本书将属于装备制造业（A0）的 34、35、36 + 37、38、39、40 等六个细分行业定义为高端装备制造业，作为本书的实证研究对象。

数据来源为 2007~2019 年的《中国统计年鉴》《中国科技统计年鉴》《中国工业经济统计年鉴》和各省份统计年鉴。通过对数据的整理发现部分数据缺失，基于对各地区统计年鉴的相关数据的综合整理与分析，借鉴相似研究成果，本书采取相近两年数据的均值进行插值处理。考虑到研究发展具有一定的滞后期，参考相关研究，本书选择两年作为滞后期。选取 2006~2016 年的投入数据作为区域高端装备制造业技术创新的投入指标，选取 2008～2018 年的产出数据作为区域高端装备制造业技术创新的产出指标。

二、区域产业技术创新效率测度

运用前文模型及相关软件对区域高端装备制造业技术创新效率进行测度，得到其综合效率值（CR）、纯技术效率值（VR）和规模效率值（SC），如表 5-2 所示。

表 5-2　　　　　　　　　区域高端装备制造业技术创新效率值

地区（省份）	效率	2008年	2009年	2010年	2011年	2012年	2013年	2014年	2015年	2016年	2017年	2018年	均值
东部	CR	0.81	1.00	0.69	1.00	1.00	1.00	0.93	0.88	0.89	1.00	1.00	0.93
	VR	0.81	1.00	0.69	1.00	1.00	1.00	0.95	0.92	0.90	1.00	1.00	0.93
	SC	1.00	1.00	1.00	1.00	1.00	1.00	0.98	0.96	1.00	1.00	1.00	0.99
中部	CR	0.40	0.72	0.52	0.97	0.96	1.00	0.98	0.91	0.86	1.00	1.00	0.85
	VR	0.45	1.00	0.57	1.00	1.00	1.00	0.99	0.92	0.86	1.00	1.00	0.89
	SC	0.89	0.72	0.92	0.97	0.96	1.00	1.00	1.00	1.00	1.00	1.00	0.95
西部	CR	0.43	0.56	0.40	1.00	0.90	1.00	0.97	0.96	0.90	1.00	1.00	0.83
	VR	0.64	0.69	0.43	1.00	1.00	1.00	0.99	0.97	0.90	1.00	1.00	0.88
	SC	0.67	0.81	0.93	1.00	1.00	1.00	0.99	0.99	0.99	1.00	1.00	0.93
东北	CR	0.39	0.78	0.66	1.00	0.93	0.92	0.90	0.78	0.79	1.00	1.00	0.83
	VR	1.00	1.00	1.00	1.00	1.00	1.00	0.90	0.90	1.00	1.00	1.00	0.98
	SC	0.39	0.78	0.66	1.00	0.93	0.92	1.00	0.86	0.79	1.00	1.00	0.85
北京	CR	0.91	0.72	0.58	1.00	1.00	0.95	1.00	1.00	0.96	1.00	1.00	0.92
	VR	0.94	0.74	0.58	1.00	1.00	0.95	1.00	1.00	0.97	1.00	1.00	0.92
	SC	0.97	0.98	1.00	1.00	1.00	1.00	1.00	1.00	0.99	1.00	1.00	0.99
天津	CR	0.56	0.72	0.65	1.00	1.00	1.00	0.98	0.93	0.78	0.81	0.80	0.84
	VR	0.59	0.81	0.65	1.00	1.00	1.00	0.94	0.86	0.83	0.82	0.82	0.86
	SC	0.95	0.89	1.00	1.00	1.00	1.00	0.98	1.00	0.91	0.98	0.98	0.97

地区（省份）	效率	2008年	2009年	2010年	2011年	2012年	2013年	2014年	2015年	2016年	2017年	2018年	均值
河北	CR	0.14	0.23	0.25	0.56	0.64	0.60	0.60	0.54	0.41	0.66	0.69	0.48
	VR	0.14	0.26	0.25	0.60	0.70	0.61	0.61	0.54	0.43	0.71	1.00	0.53
	SC	0.95	0.88	1.00	0.94	0.93	0.98	0.99	1.00	0.96	0.93	0.69	0.93
山西	CR	0.15	0.21	0.14	0.38	0.44	0.69	0.64	0.36	0.37	0.55	0.66	0.42
	VR	0.16	0.23	0.14	0.38	0.45	0.72	0.68	0.37	0.38	0.56	0.67	0.43
	SC	0.97	0.95	0.97	0.98	0.97	0.97	0.95	0.98	0.98	0.98	0.99	0.97
内蒙古	CR	0.18	0.27	0.15	0.29	0.32	0.35	0.28	0.27	0.32	0.42	0.42	0.30
	VR	0.20	0.29	0.16	0.29	0.33	0.37	0.29	0.28	0.33	0.43	0.42	0.31
	SC	0.92	0.92	0.95	0.99	0.96	0.95	0.97	0.98	0.98	0.98	0.98	0.96
辽宁	CR	0.27	0.44	0.30	0.43	0.49	0.64	0.62	0.45	0.39	0.64	0.78	0.49
	VR	0.28	0.45	0.33	0.54	0.54	0.67	0.65	0.48	0.39	0.64	0.78	0.52
	SC	0.99	0.99	0.90	0.81	0.90	0.96	0.96	0.93	0.99	1.00	0.99	0.95
吉林	CR	0.21	0.90	1.00	1.00	1.00	0.41	0.68	0.66	0.76	1.00	0.54	0.74
	VR	0.23	0.96	1.00	1.00	1.00	0.43	0.69	0.67	0.90	1.00	0.55	0.77
	SC	0.94	0.94	1.00	1.00	1.00	0.96	0.98	1.00	0.84	1.00	0.98	0.97
黑龙江	CR	0.18	0.26	0.16	0.34	0.43	0.49	0.41	0.39	0.42	0.41	0.35	0.35
	VR	0.19	0.27	0.17	0.35	0.44	0.50	0.42	0.40	0.43	0.42	0.36	0.36
	SC	0.96	0.96	0.97	0.98	0.98	0.98	0.98	0.98	0.98	0.98	0.97	0.97
上海	CR	0.48	1.00	0.77	1.00	0.95	0.85	0.93	0.81	0.78	1.00	1.00	0.87
	VR	0.49	1.00	0.83	1.00	1.00	0.86	0.95	0.81	0.78	1.00	1.00	0.88
	SC	0.97	1.00	0.94	1.00	0.95	0.99	0.98	1.00	1.00	1.00	1.00	0.98
江苏	CR	0.41	0.60	0.61	0.92	1.00	0.81	0.88	0.85	0.82	1.00	1.00	0.81
	VR	0.41	0.60	0.65	0.92	1.00	0.83	0.88	0.87	0.87	1.00	1.00	0.82
	SC	1.00	1.00	0.94	1.00	1.00	0.98	1.00	0.98	0.94	1.00	1.00	0.98
浙江	CR	0.88	0.98	0.62	0.91	1.00	0.97	0.97	1.00	0.81	0.98	1.00	0.92
	VR	0.90	1.00	0.64	0.91	1.00	0.98	0.98	1.00	0.96	0.99	1.00	0.94
	SC	0.97	0.98	0.97	1.00	1.00	0.99	0.99	1.00	0.84	1.00	1.00	0.98

续表

地区 （省份）	效率	2008 年	2009 年	2010 年	2011 年	2012 年	2013 年	2014 年	2015 年	2016 年	2017 年	2018 年	均值
安徽	CR	0.31	0.51	0.44	0.89	1.00	1.00	0.97	0.95	0.95	0.99	0.99	0.82
	VR	0.32	0.53	0.44	0.91	1.00	1.00	0.99	0.96	0.95	0.99	0.99	0.82
	SC	0.97	0.97	0.99	0.98	1.00	1.00	0.98	0.99	1.00	1.00	1.00	0.99
福建	CR	0.25	0.55	0.37	0.76	0.76	0.63	0.63	0.61	0.64	0.67	0.63	0.59
	VR	0.25	0.56	0.37	0.80	0.78	0.65	0.65	0.62	0.64	0.67	0.64	0.60
	SC	0.98	0.99	0.99	0.95	0.98	0.98	0.97	0.98	0.99	0.99	0.98	0.98
江西	CR	0.12	0.18	0.20	0.36	0.48	0.51	0.60	0.53	0.69	0.99	1.00	0.52
	VR	0.12	0.19	0.20	0.37	0.48	0.51	0.60	0.54	0.80	1.00	1.00	0.53
	SC	0.96	0.97	1.00	0.99	1.00	1.00	1.00	1.00	0.86	0.99	1.00	0.98
山东	CR	0.33	0.42	0.51	0.97	0.97	0.84	0.79	0.73	0.57	0.87	0.71	0.70
	VR	0.33	0.44	0.52	0.97	1.00	0.85	0.79	0.73	0.58	0.98	0.72	0.72
	SC	1.00	0.94	0.99	1.00	0.97	0.99	1.00	1.00	0.98	0.89	0.98	0.98
河南	CR	0.27	0.31	0.22	0.51	0.48	0.67	0.71	0.70	0.49	0.74	0.73	0.53
	VR	0.27	0.31	0.24	0.51	0.48	0.67	0.71	0.70	0.50	0.76	0.76	0.54
	SC	0.99	1.00	0.96	0.99	0.99	1.00	0.99	1.00	0.98	0.97	0.97	0.99
湖北	CR	0.31	0.67	0.33	0.64	0.63	0.71	0.73	0.72	0.54	0.84	1.00	0.65
	VR	0.32	0.68	0.34	0.67	0.69	0.74	0.73	0.72	0.54	0.84	1.00	0.66
	SC	0.99	0.99	1.00	0.95	0.92	0.96	1.00	1.00	1.00	1.00	1.00	0.98
湖南	CR	0.28	0.59	0.52	0.86	1.00	0.80	0.83	0.85	0.62	0.92	0.81	0.73
	VR	0.28	0.60	0.52	0.87	1.00	0.91	0.90	0.87	0.66	0.94	0.81	0.76
	SC	0.99	0.99	1.00	0.98	1.00	0.88	0.92	0.98	0.94	0.98	1.00	0.97
广东	CR	0.76	0.92	0.44	1.00	0.94	0.87	1.00	1.00	1.00	1.00	1.00	0.90
	VR	0.77	0.92	0.44	1.00	0.94	0.87	1.00	1.00	1.00	1.00	1.00	0.90
	SC	0.99	1.00	1.00	1.00	1.00	1.00	1.00	1.00	1.00	1.00	1.00	1.00
广西	CR	0.25	0.31	0.50	0.66	0.64	0.55	0.49	0.54	0.47	0.79	0.69	0.54
	VR	0.27	0.34	0.51	0.66	0.65	0.55	0.49	0.54	0.48	0.79	0.69	0.54
	SC	0.94	0.94	0.99	1.00	0.99	1.00	1.00	1.00	1.00	1.00	1.00	0.99

地区 （省份）	效率	2008 年	2009 年	2010 年	2011 年	2012 年	2013 年	2014 年	2015 年	2016 年	2017 年	2018 年	均值
海南	CR	0.31	0.83	0.79	1.00	1.00	0.94	0.61	0.45	0.46	0.48	0.65	0.68
	VR	1.00	1.00	1.00	1.00	1.00	1.00	0.97	0.91	1.00	0.95	1.00	0.99
	SC	0.31	0.83	0.79	1.00	1.00	0.94	0.63	0.49	0.46	0.50	0.65	0.69
重庆	CR	0.54	0.63	0.59	1.00	0.90	0.88	0.92	1.00	0.76	1.00	0.80	0.82
	VR	0.57	0.66	0.61	1.00	0.90	0.89	0.93	1.00	0.76	1.00	0.80	0.83
	SC	0.95	0.95	0.97	1.00	1.00	0.99	1.00	1.00	1.00	1.00	1.00	0.99
四川	CR	0.21	0.29	0.25	0.47	0.79	0.87	0.83	0.76	0.66	0.87	0.82	0.62
	VR	0.21	0.29	0.26	0.55	0.80	0.87	0.83	0.77	0.68	0.87	0.82	0.63
	SC	0.99	1.00	0.95	0.85	1.00	1.00	1.00	0.98	0.97	1.00	1.00	0.97
贵州	CR	0.28	0.38	0.28	0.55	0.63	0.70	0.84	0.69	0.65	0.73	0.59	0.57
	VR	0.31	0.42	0.29	0.57	0.64	0.72	0.87	0.72	0.66	0.74	0.60	0.59
	SC	0.90	0.90	0.97	0.97	1.00	0.96	0.96	0.97	0.98	0.98	0.98	0.96
云南	CR	0.15	0.25	0.21	0.50	0.57	0.48	0.44	0.46	0.56	0.51	0.54	0.42
	VR	0.16	0.26	0.21	0.54	0.59	0.48	0.44	0.46	0.56	0.52	0.56	0.43
	SC	0.95	0.94	0.99	0.92	0.97	1.00	1.00	1.00	1.00	0.99	0.98	0.98
陕西	CR	0.19	0.25	0.18	0.43	0.44	0.53	0.46	0.39	0.41	0.49	0.50	0.39
	VR	0.19	0.26	0.18	0.43	0.44	0.53	0.46	0.39	0.41	0.50	0.50	0.39
	SC	0.97	0.97	0.98	0.99	0.99	0.99	1.00	1.00	0.99	0.99	0.99	0.99
甘肃	CR	0.23	0.16	0.19	0.55	0.54	0.59	0.53	0.37	0.31	0.39	0.43	0.39
	VR	0.25	0.17	0.20	0.59	0.55	0.59	0.53	0.38	0.32	0.40	0.44	0.40
	SC	0.90	0.90	0.94	0.93	0.99	1.00	0.99	0.97	0.98	0.98	0.98	0.96
青海	CR	0.08	0.11	0.17	0.20	0.22	0.36	0.43	0.29	0.50	0.79	0.73	0.35
	VR	1.00	1.00	1.00	0.25	0.30	0.63	0.64	0.38	0.58	1.00	0.90	0.70
	SC	0.08	0.11	0.17	0.79	0.74	0.57	0.66	0.77	0.87	0.79	0.82	0.58
宁夏	CR	0.18	0.18	0.19	0.38	0.56	0.51	0.40	0.49	0.49	0.57	0.68	0.42
	VR	0.28	0.34	0.26	0.40	0.56	0.51	0.41	0.50	0.52	0.60	0.74	0.47
	SC	0.64	0.54	0.75	0.96	0.99	1.00	0.98	0.98	0.94	0.94	0.92	0.88

续表

地区 （省份）	效率	2008 年	2009 年	2010 年	2011 年	2012 年	2013 年	2014 年	2015 年	2016 年	2017 年	2018 年	均值
新疆	CR	0.20	0.32	0.27	0.50	0.55	0.65	0.77	0.65	0.56	0.61	0.70	0.52
	VR	0.22	0.35	0.29	0.55	0.57	0.70	0.86	0.66	0.62	0.63	0.72	0.56
	SC	0.87	0.90	0.92	0.91	0.96	0.92	0.90	0.98	0.90	0.97	0.97	0.93

资料来源：笔者自制。

三、区域产业技术创新效率分析

从区域维度看，东部地区的创新效率最高，效率值为0.93，中部、西部和东北地区的效率值低于0.9，依次为0.85、0.83和0.83，该结果与我国高端装备制造业各区域的产业创新现状基本相符；东北地区的纯技术效率为0.98，规模效率为0.85，纯技术效率高于规模效率，说明东北地区高端装备制造业的创新效率有较大的上升空间，而且说明其在创新资源投入方面尚未达到效率拐点，继续增加创新资源投入有利于提高其创新效率。从省份维度来看，30个省份的技术创新效率平均值最低为0.30，最高为0.92，排名前列的是北京、浙江、广东、上海、天津、重庆、安徽、江苏等，高端装备制造业技术创新综合效率平均值都在0.8以上，排名末尾的是内蒙古、黑龙江、青海、陕西、甘肃，高端装备制造业技术创新综合效率平均值都在0.4以下，表明高端装备制造业作为决定我国制造业在国际价值链位势的核心环节，主要分布于广东、长江三角洲地区以及四大直辖市等经济发达城市，是资金密集、技术密集和知识密集的高技术产业。

从时间维度来看，区域高端装备制造业的技术创新效率随时间出现一定的波动，波动曲线如图5-1所示。

可以看出，四大区域均在2010年的效率测度中出现了明显的下降，考虑到产业研究发展存在2年期的滞后性，效率出现明显下降的原因可能是受全球金融危机的负面影响，各行各业都受到冲击，故各区域的高端装备制造业技术创新效率出现下降；2011年，各区域的高端装备制造业技术创新效率均出现明显的回升，除中部地区的效率值为0.97，其他三个地区的效率值都达到1，出现此现象的原因一方面是各地区的高端装备制造业均对突发的全球金融危机采取了应对策略，另一方面可能是国家针对金融危机出台了一系列刺激经济的产业发展和扶持政策，政策刺激作用短期内得到凸显；2013～2016 年各区域的高端装备制造业技术创新效率均出现一定程度的下滑，出现该现象的原因可能是采用国家政策的经济刺激对于产业技术创新的作用不再那么明显；从整体来看，2013 年后大部分区域的高端装备制造业技术创新效率较之以往有明显进步，效率值基本上都维持在 0.8 以上，说明各区域的高端装备制造业已经意识到技术创新能力对提升产业核心竞争力的重要性，但受限于时间问题，技术创新能力不能有突破式进展；2016 年后，各区域的高端装备制造业技术创新效率又出现回升，该结果说明随着对技术创新能力重要程度的加深，中国高端装备制造业技术创新能力正处于一个上升阶段，产业自主技术创新体系已经初具规模，后续随着创新成果的不断累积，产业技术创新将进入一个高投入、高产出的良性发展轨道。

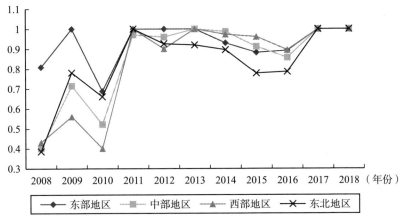

图 5 - 1　区域高端装备制造业技术创新效率值变化情况

资料来源：笔者自制。

从纯技术创新效率维度来看，各区域的高端装备制造业技术创新纯技术效率随时间变化的趋势与技术创新综合效率的变化趋势相近，两种效率除在2010 年出现明显下滑外均维持相对稳定。该结果及其原因与综合技术创新效率一致，纯技术效率变化情况如图 5 - 2 所示。

从规模效率维度看，东部地区的高端装备制造业技术创新规模效率在整个测度期内较为稳定且处于较高水平，说明东部地区的高端装备制造业技术创新发展对规模经济的依赖性不大，更多是由管理与技术要素驱动的；西部地区的高端装备制造业技术创新规模效率整体呈上升趋势；而东北地区的高端装备制造业技术创新规模效率的波动最为明显，一方面可能是东北地区高端装备制造业本身产业规模就不大，容易受经济形势影响，另一方面结合东北地区的产业发展现状推测，由于东北地区的高端装备制造业技术创新能力和现代管理能力整体处于较低水平，推动产业发展更多的是靠规模经济。区域高端装备制造业技术创新规模效率随时间变化趋势如图 5-3 所示。

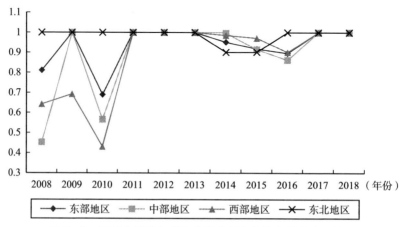

图 5-2　区域高端装备制造业技术创新纯技术效率变化情况

资料来源：笔者自制。

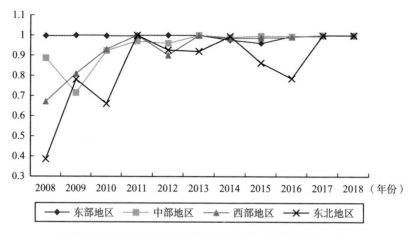

图 5-3　区域高端装备制造业技术创新规模效率变化情况

资料来源：笔者自制。

　　本章聚焦于测度区域高端装备制造业技术创新效率，基于创新资源的稀缺性从多个角度展开系统研究，主要取得了如下研究成果。

　　（1）从行业区域整体来看，一方面，区域高端装备制造业整体技术创新的综合效率和纯技术效率呈现趋同的演进趋势，两种效率除在2010年出现明显下降外，基本保持了稳定上升态势，结果表明各区域的高端装备制造业大量创新成果的取得得益于技术和管理投入的增加，而非简单的创新资源投入的简单堆积，区域技术创新发展现状得到持续改善；另一方面，除东北地区受规模经济影响较大外，其他区域基本处于稳定上升态势，该结果表明东北地区较依赖规模经济，而非技术和管理要素的驱动。

　　（2）从细分省份来看，各省份的高端装备制造业技术创新效率基本均处于上升态势，而高端装备制造业技术创新水平较高的地区主要是北京、浙江、广东、上海、天津、重庆、安徽、江苏等经济发达地区，结果表明高端装备制造业技术创新发展需要较好的宏观技术创新环境和丰富的金融资金环境；高端装备制造业技术创新水平较低的地区是内蒙古、黑龙江、青海、陕西、甘肃等，结果表明对于那些资源枯竭和地理位置处于劣势的一些地区，国家政策和资源的倾斜对高端装备制造业技术创新能力的提升有限，缺乏吸引高端技术人才的相关措施。

第三篇　技术创新影响因素篇

第六章

经济因素研究

第一节　经济因素分析

一、区域经济发展水平

区域经济是区域分工作用的结果，代表国民经济的缩影，具有区域性和综合性的特点。区域经济发展水平代表着一个地方的经济发展状况。一般而言，拥有较高区域经济发展水平的地区，其地方政府的治理水平也相对较高，因此政府越能提高对市场资源的配置，进而为高端装备制造业提供良好的外部环境。

区域经济发展水平对高端装备制造业技术创新的发展有着关键性作用。由于高端装备制造业技术创新具有高投入和高风险的特征，因此，高端装备制造业技术创新的发展必须有经济基础作为支撑，经济基础的差异也是我国高端装备制造业发展不均衡的原因。区域经济发展水平对高端装备制造业技术创新的影响主要体现在以下四个方面。首先，经济较发达的地区具有的产业发展优势也较多，如高水平人才、资金的大力投入等优势的获取会加大高端装备制造业技术创新要素的流动，推动高端装备制造业的发展。其次，区域经济发展水平较高的地区一般消费水平较高，能够加大对高端装备制造产品的快速消耗，为高端装备制造业技术创新提供更多的动力支持。然后，区域经济发展水平较高的地区会投入更多的资金、吸引更多的人才，高端装备制造业作为知识密集型企业，对相关研发人员的知识、技能、素质等方面提出了更多的要求，只有加强对高层次人才的吸引力度，实现人才体系的进一步完善，才能实现知识要素的转换，进而推动高端装备制造业技术创新水平的提高。最后，区位经济发展水平越高的地区越能够实现产学研合作，为科技成果的转化提供良好的平台，提高高端装备制造业科技创新成果的转化速率。基于此，提出如下研究假设。

假设 6-1：我国高端装备制造业企业区域经济发展水平与技术创新效率正向相关。

二、产业总产值

高端装备制造业产业总产值是一定时期内高端装备制造业销售产成品、半成品和提供劳动所得收入量的大小。高端装备制造业作为知识密集和劳动密集型产业，不是作为单一化产业存在的，其细分行业的发展水平不尽相同，因此销售收入也不尽相同。高端装备制造业产业总产值在一定程度上决定着其技术创新资金的配置情况，因此，研究高端装备制造业产业总产值对技术创新有着重要的现实意义。

产业总产值是高端装备制造业技术创新的一个重要影响因素，对高端装备制造业技术创新有重要意义。产业总产值对高端装备制造业技术创新的影响主要表现在以下三个方面。首先，在市场经济中，高端装备制造业具有逐利性的特点，高端装备制造业要想实现技术创新的基础是能够在市场中获得销售收入，销售收入的获得是高端装备制造业进行技术创新的动力基础。具体而言，高端装备制造业较高的收入水平说明其经济实力较强，高端装备制造业就越有可能提高创新投入的力度，实现每一个创新环节的统筹，最终体现在高端装备制造业的创新行为上。因此，高端装备制造业总产值越高，越有利于实现高端装备制造业创新路径的优化。其次，高端装备制造业进行技术创新的目的是获得较高的利润，因此会加大技术创新的投入力度。最后，收入以及盈利能力决定高端装备制造业技术创新的能力大小，只有通过获得较高的收入，高端装备制造业才能够提高其抵御技术创新风险的能力，也能够获得源源不断的技术创新资金。高端装备制造业收入越多代表其实力越强，融资能力就越高，高端装备制造业才有足够的能力进行技术创新。基于此，提出如下研究假设。

假设 6-2：我国高端装备制造业产业总产值与技术创新效率正相关。

三、政府资金支持

目前，中国高端装备制造业的技术创新虽然取得了一定的成果，但同西方发达国家相比，中国的高端装备制造业的技术创新还存在诸多问题，如技术创新效率低下且周期较长。造成这种情况的原因不仅与高端装备制造业技术创新主体系统的资金、组织模式和发展战略等相关，还与政府的相关行为有紧密的关系。因此，依据政府的相关行为对高端装备制造业技术创新的影响展开具体而深入的研究不仅对高端装备制造业技术创新具有重要意义，还对高质量发展具有一定的指导意义。

政府支持对高端装备制造业技术创新十分重要，主要表现在政府对大量公共资源和技术资源的支配能力。首先，在高端装备制造业技术创新的初始环节会存在许多不确定因素，产生高风险问题，针对这些问题，高端装备制造业企业在大多数情况下都会选择与其他相关企业及组织展开合作，在此环节中政府通过提供资金支持以帮助高端装备制造业企业进行合作创新，有力地降低技术创新的成本，政府资金支持还可以有力促进更多的企业与高端装备制造相匹配从而开展技术创新。其次，在高端装备制造业技术创新成长环节，政府通过资金支持促使高端装备制造业加强自身的监管和协调，有效降低信任成本，使高端装备制造业技术创新活动更加协调，进而促进知识的共享与交流。最后，在高端装备制造业技术创新后期环节会面临技术转移和知识产权等问题，政府资金支持有利于缓解高端装备制造业关于利益分配的压力，有效降低了利益分配的成本，增加了高端装备制造业与其他组织或企业合作创新的概率。政府除了直接提供资金支持，也可通过建立有关政府研发项目等方式间接对高端装备制造业进行支持，实现高端装备制造业技术创新活动的高效开展。因此，可以认为政府资金支持对高端装备制造业技术创新有至关重要的作用。基于此，提出如下研究假设。

假设6-3：我国高端装备制造业政府资金支持与技术创新效率正相关。

四、研发机构支持

高端装备制造业相比于其他产业更需要知识的不断更新、技术的不断变革，这样才能满足技术创新不断发展的需要。面对复杂且动荡的外部环境，高端装备制造业企业为了寻求高效的发展，迫切地寻求与其他高端装备制造业企业开展交流与合作，共同加大研发资金的投入，以此来提高抵御创新风险的能力，实现创新成本的不断降低。

研发机构具有科技成果快速转换和高水平研发团队的优势，高端装备制造业可以寻求与科研机构的合作以实现自身技术创新水平的提高，弥补自身的不足。在经济社会迅速发展的今天，人们对科技的需求日益增加，研发机构与高端装备制造业的合作可以有针对性地根据市场需要实现快速转化。同时，研发机构可以将高端装备制造业作为技术创新科研成果的生产和实践基地，更好地实现科研成果的转化。高端装备制造业与研发机构的合作方式可以分为以下两个方面：一方面是技术交易，技术交易是研发机构独自实现科研成果的转化，而高端装备制造业依据自身发展需求向科研机构购买科技成果，然后通过其对市场的敏感性并依据自身能力将所购买的科技成果实行商业化处理；另一方面是商业化协作，商业化协作是指高端装备制造业与研发机构通过协议的方式合作，高端装备制造业负责资金上的支持，研发机构负责相关的研发工作，实现新产品的市场化。在人们对新知识和新技术需求与日俱增的情况下，研发机构对高端装备制造业的支持变得越来越重要。基于此，提出如下研究假设。

假设6-4：我国高端装备制造业研发机构支持与技术创新效率正相关。

第二节　经济因素的评价指标与数据来源

对于因变量技术性创新效率的衡量，本书选取前文技术创新综合效率值表征；对于区域经济发展水平的衡量，本书借鉴范德成和谷晓梅的研究，采用区域人均国内生产总值（Gross Domestic Product，GDP）表征；对于产业总产值的衡量，本书借鉴罗公利和高冠军的研究，采用产业销售收入总额表征；对于政府资金支持的衡量，本书借鉴王成东等的研究，采用研发支出属于政府资金部分表征；对于研发机构支持，本书借鉴刘润芳和杨建飞的研究，采用研发机构经费支出表征。具体变量指标选取如表6-1所示。

表 6 – 1　　　　　　　　　高端装备制造业经济因素指标选取

变量类型	变量名称	变量指标	变量符号
因变量	技术创新效率	技术创新效率综合值	CR
自变量	区域经济发展水平	区域人均 GDP	REDL
	产业总产值	产业销售收入总额	TIOV
	政府资金支持	研发支出属于政府资金部分	GFS
	研发机构支持	研发机构经费支出	RDOS

资料来源：笔者自制。

本书的数据来自 2008～2018 年各省市统计年鉴、《中国科技统计年鉴》与《中国工业统计年鉴》。基于数据的可获得性，本书选取 2011～2018 年的数据进行分析。其中西藏数据严重缺失，不作为本章的分析对象。

第三节　经济因素的评价模型

前文用 DEA 方法对高端装备制造业技术创新效率进行了测度，但 DEA 方法无法实现对技术创新效率影响因素的测度。为了进一步探究我国高端装备制造业技术创新效率受何种因素的影响，本书选取 Tobit 回归模型进行高端装备制造业技术创新效率影响因素的研究，以前文所测度的技术创新效率综合值为因变量，以经济因素、人力资源因素、技术因素和环境因素中的各类因素为自变量，构建高端装备制造业技术创新效率影响因素回归模型。由于经过 DEA 方法测度的技术创新效率综合值介于 0 和 1 之间，数据类型属于截断分布，这种情况下作为因变量的技术创新效率综合值是受限的。本书选取 Tobit 回归模型对高端装备制造业技术创新效率影响因素进行回归分析。Tobit 回归模型的具体表达如式（6 – 1）所示。

$$Y_{it} = \begin{cases} Y_{it}^* = \alpha_i + \beta_i X_{it} + \varepsilon_{it}, & Y_{it}^* > 0 \\ 0, & Y_{it}^* \leq 0 \end{cases} \quad (6-1)$$

Tobit 回归模型中，i 表示行业，t 表示年份，Y_{it}^* 是具有断尾性质的受限变量，Y_{it} 是受限的因变量，即高端装备制造业技术创新效率综合值，α_i 为截距项，β_i 为自变量的估计参数，X_{it} 为自变量，即技术创新效率的各种影响因素，

ε_{it}为随机干扰项。

基于对 Tobit 回归模型分析的基础上，结合高端装备制造业区域经济发展水平、产业总产值、政府资金支持、研发机构支持等经济因素的选取，构建衡量高端装备制造业技术创新效率经济因素的面板回归模型，如式（6－2）所示。

$$CR_{it} = \alpha_0 + \alpha_1 REDL_{it} + \alpha_2 TIOV_{it} + \alpha_3 GFS_{it} + \alpha_4 RDOS_{it} + \varepsilon_{it} \qquad (6-2)$$

其中，CR_{it}为因变量，代表 i 省份 t 时期技术创新效率综合值，α_0 为常数项，α_1，α_2，α_3，α_4 为各自变量的系数，$REDL_{it}$代表 i 省份 t 时期区域经济发展水平，$TIOV_{it}$代表 i 省份 t 时期产业总产值，GFS_{it}代表 i 省份 t 时期政府资金支持，$RDOS_{it}$代表 i 省份 t 时期研发机构支持，α_0 为常数项，ε_{it}为随机干扰项。

第四节　经济因素影响的定量评价与分析

在使用 Tobit 模型进行回归分析之前，需要对经济因素中的非比例变量取对数处理，为了使数据保持平稳性，在前文所述的理论模型的基础上，运用 Stata16 对高端装备制造业企业经济因素进行测量，以前文所得到的高端装备制造业技术创新综合效率值为因变量，以区域经济发展水平、产业总产值、政府资金支持、研发机构支持为自变量进行回归分析，结果如表6－2所示。

表 6－2　　中国高端装备制造业技术创新经济因素 Tobit 回归分析结果

影响因素	系数	标准误差	Z 统计量	P 值
α_0	－ 1. 091219 ***	0. 338043	－ 3. 23	0. 001
区域经济发展水平	－ 0. 022606	0. 0373057	－ 0. 61	0. 545
产业总产值	0. 1764226 ***	0. 261026	6. 76	0. 000
政府资金支持	－ 0. 0838205 ***	0. 0239753	－ 3. 50	0. 000
研发机构支持	0. 0006378	0. 0284783	0. 02	0. 982
观测值	240	—	—	—

注：*** 表示在 1% 的水平下显著。
资料来源：Stata 软件统计输出。

结果显示，区域经济发展水平与中国高端装备制造业技术创新效率显著性没有通过检验，没有支持原文假设，虽然中国经济实现了快速增长，但是对高端装备制造业研发投入力度的不足是造成高端装备制造业技术创新水平和技术创新效率不高的重要原因。

产业总产值与中国高端装备制造业技术创新效率回归分析中的估计系数为0.1764226，在1%的水平下通过显著性检验，表明产业总产值与中国高端装备制造业技术创新效率综合值显著正相关，支持了原文的假设。因此，高端装备制造业不断实现产业产值的增加，以此来加大技术创新的投入，最终实现高端装备制造业技术创新效率的提高。

研发机构支持与中国高端装备制造业技术创新效率不相关，没有支持原文假设，可能是由于高端装备制造业与研发机构存在某种程度上的脱离，并没有建立起真正有意义的合作，要想真正实现高端装备制造业技术创新效率的增加，需要与研发机构建立更为紧密的合作。

政府资金支持与中国高端装备制造业技术创新效率回归分析中的估计系数为 - 0.0838205，在1%的情况下通过显著性检验，表明政府资金支持与中国高端装备制造业技术创新效率综合值显著负相关，与原文假设相反。政府资金支持力度越大，技术创新综合效率值越低，可能是由于政府以资金形式直接介入行业活动，滋生企业"等、靠、要"的低效率行为，抑制了企业技术创新效率。

第七章

人力资源因素研究

与传统装备制造业相比，高端装备制造业在生产方面具有相对较高的技术水平，同时生产能力也有很大提升。高端装备制造业的存在能够提高中下游水平企业的技术生产能力，同时也促进整个生产链的创新与发展。而高端装备制造业的核心在于创新，创新能为整个企业带来全新的发展方向。根据研究发现，能够影响企业创新的因素数不胜数。其中，人力资源带来的影响不容小觑。

有不少研究者指出，在诸多内部影响因素中，人才投入与企业技术创新能力密切相关，进而对创新绩效产生积极作用。在当下环境中，产品间的竞争日益激烈，原有产品已经不能满足企业发展的需求，而创造新的产品需要人员的引进，那么人员投入便在企业技术创新中有着举足轻重的地位。人才是驱动技术创新能力发展所必备的要素。

本书将人力资源因素分为四个方面：劳动密集型人力资源、知识型人力资源、人才聚集程度以及区域人才质量。其主要影响因素为技术创新效率。

第一节 人力资源因素分析

一、劳动密集型人力资源

劳动密集型人力资源是指人力资源活动中劳动量消耗占比大，同时这类人力资源需求量大、就业门槛低；从事简单工作，技术含量不高，对员工的文化要求不高，参与人员众多。需要劳动密集型人力资源的企业有许多，其产品生产需要大量的劳动力，也就是说产品成本中活劳动量（手工活动）消耗占比较大。平均每个工人的劳动装备不高，要求的技能不是很高，经过短期培训即可上岗。

劳动密集型人力资源具有以下特点：第一，平均每个工人的工作装备较低；第二，手工劳动占比较大，但占资产的比例较低；第三，一些劳动力资源丰富、而技术发展水平较低且资金短缺的发展中国家往往拥有较多的劳动密集型人力资源，同时此类国家有利于充分发挥劳动力资源优势，解决就业与再就业问题，弥补资金和技术力量的不足，积累建设资金，加快经济建设；第四，劳动密集型人力资源管理及工作形式会因职务及专业技术产生差异。

在高端装备制造业企业中，劳动密集型人力资源属于重要资源，在企业创新中具有一定影响力。劳动密集型人力资源对高端装备制造业技术创新的印象主要体现在以下几个方面。首先，规模较大的制造业能够提供更多就业岗位，满足不同素质劳动力的就业需求，通过劳动力就业量的增加实现人力资本存量的原始积累，产生劳动力"蓄水池"效应，为创新型企业获得高技术人才支持奠定基础。其次，劳动密集型人力资源拥有量较高的高端制造业更容易建立经济增长模式，降低企业创新活动所需的人力资本门槛。最后，在我国经济不断增长的历程中，制造产业对于人力资源的依赖渐渐从占据主导地位过渡到占据非主导地位，但过多劳动密集型人力资源对企业资源消耗过大且对创新效率的影响较小。基于此，提出如下研究假设。

假设7-1：我国高端装备制造业企业劳动密集型人力资源与技术创新效率负向相关。

二、知识型人力资源

知识型人力资源是指人力资源中主要以知识智力资本为主要要素，高度依赖知识智力成果，其主要人力为聚集知识智力型员工，提供以智力、知识、技术、经验、信息、技能为核心生产要素的资源。其相关的职业岗位主要包括技术发明、技能创新、产品研发、管理经营、生产优化、工程设计、市场营销、资产管理、会计计划、法律和金融事务、咨询顾问、方案解决、培训教育、人力资源管理等。在知识经济浪潮的推动下，知识型员工群体规模也在迅速扩大，并渗透在各行各业中，其中以信息技术、金融服务、法律服务、管理咨询等知识型行业领域尤为集中。

　　知识型人力资源是以知识为基础进行加工或生产等工作的人力，形成了与传统人力资源不同的特征，总结起来主要有三个不同。第一，人力资源管理是知识型人力资源管理的中心。知识型人力资源最主要的资源是知识，而人力资源是企业价值创造的核心。第二，与传统企业的员工不同，知识型人力资源构成多为高素质人才，可以说，知识型人力资源的价值体现在其拥有的知识型员工的价值。第三，对知识型人力资源的经营管理模式和组织结构相对比较柔性化。与传统企业注重运用刚性规章制度来约束员工不同，知识型人力资源在管理上更加注重柔性管理模式，因此，员工之间的关系弹性较大。

　　在高端制造业中，知识型人力资源具有一定影响力，故本书选其作为人力资源的影响因素。知识型人力资源对高端装备制造业技术创新的影响主要体现在以下两个方面：首先，知识和技术在空间上具有随距离增加而衰减的特性，员工之间面对面交流和接触增强了对知识的学习和吸收，对于企业技术创新具有正面影响；其次，置身于集聚环境的知识型人力既是知识外溢的给予方也是接收方，劳动者通过互动产生知识、信息的外溢，实现生产效率的共同提高，从而提高创新效率。基于此，提出如下研究假设。

　　假设7-2：我国高端装备制造业企业知识型人力资源与技术创新效率正向相关。

三、人才聚集程度

　　一个高端装备制造业企业的发展离不开人力，而其人才聚集程度正是彰显该企业拥有多少人力资源的主要指标。企业的本质和核心是人，人口的密度效益、规模效益是现代企业发展的主要动力。人才聚集使单位空间发生经济行为的成本降低，使单位面积产出增加，使创新效率提升，同理也会使参与聚集者可分享的收入增加。同时，这种效应会进一步吸引尚未聚集者加入，进一步加强聚集效应，以此增加企业的创新能力。这是一个典型的经济正反馈过程。人才聚集程度可以用来衡量企业发展水平。

　　人才聚集程度对高端装备制造业技术创新的影响主要体现在以下几个方面。人口聚集时，首先产生的结果就是各类型高层次人才在区域内积累，人才资本存量增加，区域内的科教培训水平、卫生健康水平及就业保障水平将相应提高；其次人才聚集对于区域关系资本积累的作用在于区域内大量人才流动带来物质、资金以及技术等资源流动，直接导致商品市场、资本市场以及技术市场的活跃，有效盘活资源存量；最后人才在区域内聚集将为区域注入新的知识、技术以及观念，当新知识、技术在新观念的引导下转化为现实生产力时，将推动区域产业结构优化，实现产业结构升级，使区域经济效应显著提升，有效促进技术创新的效能提高。基于此，提出如下研究假设。

假设 7-3：我国高端装备制造业企业人才聚集程度与技术创新效率正向相关。

四、区域人才质量

区域人才质量对高端装备制造业企业的创新能力具有重要意义。它代表高端装备制造业企业在行业中的主要人才质量，质量越高其企业的创新能力越高，在企业竞争中就更具有优势，在企业创新中的效率也就有所提高。

区域人才质量对高端装备制造业技术创新的影响主要体现在以下几个方面。首先，人才资本作为知识扩散的重要载体，利用人才质量和企业主体间的要素转化，促进基于人力资本的知识和技术创新效率转化，也能通过强化企业人力资本的要素质量提升创新绩效，人才质量越高其对高端装备制造业技术创新效率的影响越为显著。其次，区域人才质量对于人才具有一定吸引力，当一个企业的人才质量较高时，对仍未进入企业的高端人才具有较强吸引力，这将导致区域人才质量持续增长。最后，区域人才质量的提升可以促进企业创新过程的完善，也会助推企业创新效率进一步提高，同时令企业关注科技人才引培和服务工作，强化企业的"忧患"或"追赶"意识，间接促进企业与行业提升技术创新水平。基于此，提出如下研究假设。

假设 7-4：我国高端装备制造业企业区域人才质量与技术创新效率正向相关。

第二节　人力资源因素的评价指标与数据来源

对于因变量技术性创新效率的衡量，本书选取前文技术创新综合效率值表征；对于现有劳动型人力资源与知识型人力资源的衡量，本书借鉴宋跃刚和张欣（2022）的研究，分别采用大专学历及以下的人员数量与本科学历及以上的人员数量代表；对于人口聚集程度的衡量，本书借鉴牛冲槐（2015）的研究，采用区域人数/区域面积代表；对于区域人才质量的衡量，本书借鉴宋跃刚、张欣（2022）的研究，采用区域科技人才数量代表。具体变量指标选取如表7-1所示。

表7-1 高端装备制造业技术因素指标选取

变量类型	变量名称	衡量指标	变量符号
因变量	技术创新效率	技术创新效率指数	CR
自变量	劳动型人力资源	大专学历及以下人员数量	CD
	知识型人力资源	本科学历及以上人员数量	BD
	人口聚集程度	区域人员数/区域面积	PP
	区域人才质量	区域科技人才数量	BD1

资料来源：笔者自制。

本书的数据来自2008～2018年各省市统计年鉴、《中国科技统计年鉴》与《中国工业统计年鉴》。基于数据的可获得性，本书最终选取2011～2018年的数据进行分析。其中西藏数据严重缺失，不作为本章的分析对象。

第三节 人力资源因素的评价模型

基于第六章对Tobit模型的分析，对于技术因素的测度也采用Tobit回归。

基于对Tobit回归模型分析的基础上，结合高端装备制造业现有技术水平、技术引进能力、技术改造能力、技术消化吸收等因素的选取，构建衡量高端装备制造业技术创新效率因素的面板回归模型如式（7-1）所示。

$$CR_{it} = \alpha_0 + \alpha_1 CDL_{it} + \alpha_2 BDC_{it} + \alpha_3 PPC_{it} + \alpha_4 BD1C_{it} + \varepsilon_{it} \qquad (7-1)$$

其中，CR_{it}为因变量，代表i省份t时期技术创新效率综合值，α_0为常数项，α_1，α_2，α_3，α_4为各自变量的系数，CDL_{it}代表i省份t时期现有大专及以下人员数量，BDC_{it}代表i省份t时期现有本科及以上人员数量，TTC_{it}代表i省份t时期区域人员数/区域面积所得数值，$TDAC_{it}$代表i省份t时期区域科技人才数量，α_0为常数项，ε_{it}为随机干扰项。

第四节 人力资源因素影响的定量评价与分析

在使用 Tobit 模型进行回归分析之前，需要对人力因素中的非比例变量进行取对数处理。为了使数据保持平稳性，基于前文所述的理论模型的基础上，运用 Stata16 对高端装备制造业企业人力资源影响因素进行测量，以前文得到的高端装备制造业技术创新综合效率值为因变量，以现有劳动型人力资源、知识型人力资源、人口聚集程度和区域人才质量为自变量进行回归分析，结果如表 7-2 所示。

表 7-2 中国高端装备制造业技术创新人力因素 Tobit 回归分析结果

影响因素	系数	标准误差	Z 统计量	P 值
α_0	0.5632989 **	0.2642928	-2.13	0.033
劳动型人力资源	-0.0422124	0.107057	-0.39	0.693
知识型人力资源	0.0895499	0.1725919	0.52	0.604
人口聚集程度	0.0127727 ***	0.004917	2.6	0.009
区域人才质量	0.0787491	0.2730005	0.29	0.773
观测值	240	—	—	—

注：**、*** 分别表示在 5%、1% 的水平下显著。
资料来源：Stata 软件统计输出。

结果显示，劳动型人力资源与中国高端装备制造业技术创新效率回归分析中的显著性没有通过检验和原文假设，表明现有劳动型人力资源对中国高端装备制造业技术创新效率影响微弱，说明现有劳动型人力资源并不能对企业创新带来实质性的影响，劳动型人力资源所带来的影响亦不能体现在高端装备制造业企业的创新效率上。

知识型人力资源与中国高端装备制造业技术创新效率回归分析中的显著性没有通过检验，表明现有知识型人力资源对中国高端装备制造业技术创新效率影响较弱，说明知识型人力资源虽能够加强高端装备制造业的技术创新，但对高端装备制造业整体的创新效率影响较小，对技术创新能力效率的提高没有显著效果。

　　人口聚集程度与中国高端装备制造业技术创新效率估计系数为 0.0127727，在 1% 的水平下通过显著性检验，表明人口聚集程度与中国高端装备制造业技术创新效率正相关，支持了原文假设，人口聚集程度能够显著促进高端装备制造业技术创新，企业应该提高人口聚集程度，实现技术创新效率的提高。

　　区域人才质量与中国高端装备制造业技术创新效率回归分析中的显著性没有通过检验，虽通过原文假设，区域人才质量对技术创新具有一定的正面影响，但是没有提高创新效率，也没有实现对企业技术的巨大创新，因此不会出现创新效率的大幅提升。

第八章

技术因素研究

第一节　技术因素分析

一、现有技术水平

现有技术水平是指高端装备制造业的设计技术水平、制造技术水平和管理技术水平。行业现有技术水平的差异会影响行业技术创新目标的实现，进而影响我国由制造大国向制造强国的转变，因此对高端装备制造业现有技术水平的研究对实现制造业高质量发展有积极作用。

产业技术创新不仅取决于技术的来源，还会受外部环境和内部因素的约束，特别是受现有技术水平的影响。一方面技术水平决定企业自主研发的成功与否，技术水平越高，企业进行自主创新的速度越快，反之则缓慢；另一方面，现有技术水平的差异代表着对技术的消化吸收能力也不相同，从而对技术创新的实现产生差异。对于普通的创新过程而言，技术水平较高的高技术产业可以通过研发活动实现技术的快速进步，中低技术水平的产业只能以技术引进的形式实现技术的渐进式进步。以行业技术创新的角度看，高技术行业相对于中低技术行业的技术创新效率会有明显的不同，即高技术水平的行业创新效率更高。明显可以看出，不同技术水平的行业技术创新能力有明显的差距。而高端装备制造业的技术水平能够实现技术创新的快速发展，促进技术创新效率的实现。基于此，提出如下研究假设。

假设 8-1：我国高端装备制造业现有技术水平与技术创新效率正相关。

二、技术引进能力

技术引进是指以国际间的技术交流和技术转移为基础，有目的、有选择地获得国内外先进技术的活动。技术引进的最直接目的就是通过成本的降低实现产品的快速升级换代，促进产品销售额的增加。

一般情况下，高端装备在技术水平和研发能力不足或需要以较大的成本投入时，高端装备制造业企业通常会选择技术引进的方式，从国内外购买比较成熟的技术装备和先进的生产设施，实现产品的更新换代，进而实现顾客消费需求的满足。虽然在技术引进阶段高端装备制造业企业对国内外的技术有着较强的依赖，但是通过技术的引进，可以实现高端装备制造业技术能力的迅速提升。技术引进对高端装备制造业创新能力的提升主要表现在以下几个方面：首先通过技术引进，高端装备制造业可以获得国外的先进技术，弥补自身技术不足，有利于高端装备制造业技术创新的开展和技术创新效率的提升；其次，高端装备制造业通过引进易于消化吸收的技术，能够以较短的时间获得技术创新能力的提升；最后，通过引进国内外先进的技术可以缩小我们和发达国家间的差距。基于此，提出如下研究假设。

假设 8-2：我国高端装备技术引进能力与技术创新效率正相关。

三、技术改造能力

技术改造能力是对目前拥有的工艺、设备以及技术不断进行更新以适应先进生产力发展需要的能力，是促进技术创新的关键因素。1912 年熊彼特（Schumpeter）首次提出创新的概念，他认为技术改造包括两个方面的内容：一方面是利用新的技术去创造产品；另一方面是在新市场上实现技术创新活动。如果只引进技术而不进行技术创新，就会形成对核心技术的长期依赖，形成不了技术竞争优势。

技术改造的目的就是利用先进的工艺、设备以及技术实现旧的工艺、设备以及技术的替代，从而实现生产的扩大化，最终实现产品的质量提升、产品快速更新换代、降低生产的消耗和综合效益的提升。技术改造是促进高端装备制造业由大变强的有力途径，有利于推动中国经济高质量稳定发展。技术改造对技术创新的推动作用主要体现在以下几个方面：一方面高端装备制造业采用先进工艺、设备以及技术，增强高端装备制造业新产品的开发能力，改变了高端装备制造业技术结构和技术档次，实现了自主创新能力的提升；另一方面政府越来越重视高端装备制造业的技术改造，实现技术创新成果的转化，提高了企业技术水平与创新能力，并且推动了科技成果向生产力的转换。此外，还要充分发挥技术创新服务中心、生产力促进中心、大学科技园、创业孵化基地等创新服务平台和各类科技中介服务机构的作用，加快科技成果向现实生产力转化，为技术改造提供强大的技术支撑。基于此，提出如下研究假设。

假设8-3：我国高端装备制造业技术改造能力与技术创新效率正相关。

四、技术消化吸收能力

高端装备制造业技术消化吸收能力是指对技术引进、合作技术、兼并技术、知识学习等的消化吸收的能力。对高端装备制造业技术消化吸收产生影响的因素主要包括三个方面。首先是高端装备制造业的研发活动投入，通过研发活动的不断投入，高端装备制造业才能获取更多和技术相关的知识，知识的积累将有助于高端装备制造业实现高层次的技术吸收；其次是高端装备制造业的学习方法和学习强度，学习方法的正确性和投入度将有利于技术的消化吸收；最后是对产业技术的同化，这是高端装备制造业对外部技术的内化过程。

技术的消化吸收不仅是对国外先进技术的简单引进与使用，还需要对引进的技术、兼并的技术、合作的技术进行消化吸收，这样才能不断缩小与发达国家在技术方面的差距。通过后发优势的发挥，实现技术突破，改进技术功能，通过对技术的不断消化与适应，最终实现技术水平的超越。高端装备制造业在进行技术创新的过程中，需要对国内外引进的技术进行消化吸收，实现技术内化。技术引进是为了对技术进行消化吸收，提高技术创新的效率，而高端装备制造业通过对技术进行消化吸收才能够实现产品到商品的转化，最终形成经济效益。同时，高端装备制造业对技术的消化吸收能够实现高端装备制造业竞争力的提升，在发展过程中实现技术的不断创新。基于此，提出如下研究假设。

假设8-4：我国高端装备制造业技术消化吸收能力与技术创新效率正相关。

第二节　技术因素的评价指标与数据来源

对于数据的选取，本书选取以下指标：对于因变量技术性创新效率的衡量，本书选取前文技术创新综合效率值表征；对于现有技术水平的衡量，本书借鉴王昱等的研究，采用国内专利授权数量表征；对于技术引进能力、技术改造能力与技术消化吸收能力的衡量，本书借鉴乔翠霞和杨晨曦（2022）的研究，分别采用技术引进支出经费、技术改造支出经费、消化吸收总经费表征。具体变量指标选取如表 8-1 所示。

表 8-1　　　　　　　　高端装备制造业技术因素指标选取

变量类型	变量名称	变量指标	变量符号
因变量	技术创新效率	技术创新效率综合值	CR
自变量	现有技术水平	国内专利授权数量	CTL
	技术引进能力	技术引进支出经费	TIC
	技术改造能力	技术改造支出经费	TTC
	技术消化吸收能力	消化吸收总经费	TDAC

资料来源：笔者自制。

本书的数据来源于 2008~2018 年各省市统计年鉴、《中国科技统计年鉴》与《中国工业统计年鉴》。基于数据的可获得性，本书最终选取 2011~2018 年的数据进行分析。其中西藏数据严重缺失，不作为本章的分析对象。

第三节　技术因素的评价模型

基于第六章对 Tobit 模型的分析，对于高端装备制造技术创新效率技术因素的测度也采用 Tobit 回归。

基于对 Tobit 回归模型分析的基础上，结合高端装备制造业现有技术水平、技术引进能力、技术改造能力、技术消化吸收等技术因素的选取，构建衡量高端装备制造业技术创新效率技术因素的面板回归模型如式（8-1）所示。

$$CR_{it} = \alpha_0 + \alpha_1 CTL_{it} + \alpha_2 TIC_{it} + \alpha_3 TTC_{it} + \alpha_4 TDAC_{it} + \varepsilon_{it} \qquad (8-1)$$

其中，CR_{it} 为因变量，代表 i 省份 t 时期技术创新效率综合值，α_0 为常数项，α_1、α_2、α_3、α_4 为各自变量的系数，CTL_{it} 代表 i 省份 t 时期现有技术水平，TIC_{it} 代表 i 省份 t 时期技术引进能力，TTC_{it} 代表 i 省份 t 时期技术改造能力，$TDAC_{it}$ 代表 i 省份 t 时期技术消化吸收能力，α_0 为常数项，ε_{it} 为随机干扰项。

第四节 技术因素影响的定量评价与分析

在使用 Tobit 模型进行回归分析之前，需要对经济因素中的非比例变量进行取对数处理，为了使数据保持平稳性，在基于前文所述的理论模型的基础上，运用 Stata16 对高端装备制造业企业技术影响因素进行测量，以前文得到的高端装备制造业技术创新综合效率值为因变量，以现有技术水平、技术引进能力、技术改造能力和技术消化能力为自变量进行回归分析，结果如表 8-2 所示。

表 8-2 　　中国高端装备制造业技术创新技术因素 Tobit 回归分析结果

影响因素	系数	标准误差	Z 统计量	P 值
α_0	0.5632989 **	0.2642928	-2.13	0.033
现有技术水平	0.0672978 ***	0.0159248	4.23	0.000
技术引进能力	0.025619 **	0.0115593	1.28	0.027
技术改造能力	0.0273566	0.021373	1.28	0.201
技术消化吸收能力	-0.0041611	0.0089	-0.47	0.640
观测值	240	—	—	—

注：** 、*** 分别表示在5% 、1% 的水平下显著。
资料来源：Stata 软件统计输出。

结果显示，现有技术水平与中国高端装备制造业技术创新效率回归分析中的估计系数为 0.0672978，在 1% 的水平下通过显著性检验，表明现有技术水平与中国高端装备制造业技术创新效率正相关，支持了原文假设，现有技术水平能够显著促进高端装备制造业技术创新，企业应该加强现有技术水平的提升，进而实现技术创新效率的提高。

技术引进能力与中国高端装备制造业技术创新效率回归分析中的估计系数为 0.025619，在 5% 的水平下通过显著性检验，表明技术引进能力与中国高端装备制造业技术创新效率正相关，支持了原文假设，高端装备制造业通过技术引进弥补了自身不足，实现了技术创新能力的提高，进而实现了技术创新效率的提升。

技术改造能力与中国高端装备制造业技术创新效率显著性没有通过检验，没有通过原文假设，表明中国高端装备技术改造能力较为欠缺，只能实现低水平的改造行为，并没有实现真正意义上的新产品创新，也就不能实现技术创新效率的提升。

技术消化吸收能力与中国高端装备制造业技术创新效率没有通过显著性检验，与原文假设不相符，中国高端装备制造业虽然实现了对外国先进技术的引进和使用，但是缺乏内化吸收的能力，并没有实现对引进技术、兼并技术、合作技术等的消化吸收，因此并不会出现创新行为的产生。

第九章

环境因素研究

在中国，企业的快速扩张引起资源大量消耗，加速环境恶化，而制造业企业的消耗占50%以上。根据中国国家统计局数据显示，2014年工业能源消耗量占总能源消耗量的69.44%，而制造业消耗量占整个工业能源消耗量的82.86%，其中总体二氧化碳排放量的50%以上均来自制造业。尽管环境库兹涅茨曲线（Environmental Kuznets Curve）认为，当经济发展达到某个拐点时，环境污染问题会因为经济的高速发展得到改善，实现绿色经济增长模式。但根据中国经济发展和制造业发展的情况来看，目前所面临的问题亟待解决。

当今政府与社会对超标污染排放的企业实行各种各样的环境规划制度，导致许多制造企业迫于污染压力不得不减少生产，或拿出大部分资金处理污染问题，或寻找新的生产方式。然而，由于技术的有偏性，传统的技术创新已经不能提供有效的解决方案，更难以达到企业的技术要求。在生态与经济同步发展的前提下，迫切需要技术创新。

第一节　环境因素分析

一、环境污染

广义来讲，环境污染指自然或人为的破坏，向环境中添加某种物质导致超过环境的自净能力而产生危害的行为，或由于人为因素，环境受到有害物质的污染，使生物的生长繁殖和人类的正常生活受到影响。本书的环境污染指企业生产废料对环境产生的影响。

在高端制造业中，环境污染具有一定影响力，故本书选择环境污染作为环境资源的影响因素。环境污染对高端装备制造业技术创新的影响主要体现在以下几个方面：首先，环境污染阻碍了高端装备制造的结构合理化和高级化进程，环境污染对企业结构高级化的影响程度大于环境污染对产业结构合理化的影响程度，技术创新强度在这一传导路径中起到部分中介作用，并且这一传导机制的空间溢出效应显著；其次，技术创新在改善环境质量方面发挥着重要作用，因为先进的技术往往能使经济发展更加"绿色"，同时环境质量和经济增长要想实现同步发展，需要借助技术进步方向的转变以增加清洁技术强度；最后，企业技术创新在一定程度上能够促进工业废水、废气、固体废物的强化治理，对环境污染治理形成的前端预防效果要优于通过控制污染物进行的末端治理，企业的创新能力与效率提高，环境污染相应减少。基于此，提出如下研究假设。

假设9-1：我国高端装备制造业企业环境污染与技术创新效率负向相关。

二、产业聚集

产业集聚是指在一个范围内，生产某种产品的若干个不同类企业，以及为这些企业配套的上下游企业和相关服务业高度密集地聚集在一起。以区域创新为主要驱动力推进技术创新发展，高端装备产业的集聚促使资本、人才、技术等要素汇聚，对区域创新有着至关重要的影响。但是高技术产业集聚对区域创新能力的影响程度目前尚无定论，各地区的经济发展现状不同，其效应也各不相同。国家创新驱动正由重点区域率先突破向大区域联动创新转变，区域创新协同正由区域产业转移向跨区域协同创新深化。创新是推动区域高质量发展的第一动力，是当前现代化经济发展中最具活力的生产要素，区域间不同的创新能力则是地区在发展中所具有的异质性优势和保持经济长期持续发展的重要法宝。在此背景下，全球各类创新资源呈现明显的"廊带"分布特征，产业聚集也愈加明显。

在高端制造业中，产业聚集水平具有一定影响力，故本书选其作为环境资源的影响因素。产业聚集对高端装备制造业技术创新的影响主要体现在以下三个方面。首先，产业聚集可以提供知识、人力和资金等资源优势，提高技术创新效率。在产业聚集区内，多元化的产业结构更有利于地方竞争和创新溢出，这种产业内和产业间的技术与知识的溢出有利于高技术产业聚集区内创新优势的发挥，促进创新效率提高。其次，产业聚集拥有大量人才且人才流动充分，聚集区内企业可以及时找到所需人才，提高技术创新效率，同时聚集区内企业透明度较高，可以吸引投资者投入资金，减少聚集资金的耗费时间，方便企业进行创新。最后，产业聚集可以形成技术创新网络，加速各种创新资源在聚集区内的传播，有利于技术创新的扩散，提高技术创新效率。基于此，提出如下研究假设。

假设9-2：我国高端装备制造业企业产业聚集与技术创新效率正向相关。

三、环境治理

环境治理包括许多方面，例如大气治理、水污染治理、土地污染治理等。对于企业来讲，治理污染需要大量费用，而有效的技术创新可以减少许多不必要的花销。

在高端制造业中，环境治理具有一定影响力，故本书选其作为环境资源的影响因素。环境治理对高端装备制造业技术创新的影响主要体现在以下三个方面：首先，环境治理所产生的费用能够诱发高端装备制造业的创新活动，促进企业将环保投资用于创新研发，进而提升创新水平，即环境治理对企业的创新补偿效应大于成本遵循效应；其次，在当前环境承载力日益逼近极限与经济可持续发展动力严重不足的双重背景下，技术创新是推动环境治理、驱动产业转型升级以及提高经济发展质量的根本性力量，能够为高端装备制造业企业的绿色化改造，包括更新生产装备、引入生产技术、提高创新效率等，提供重要的前提条件；最后，环境治理也能有效引导高端装备制造业企业的绿色发展，为企业绿色转型升级提供支持，同时技术创新也为生产过程使用可替代性清洁能源以及生产污染替代性产品等提供了技术条件，进而提高了创新效率，加快推动企业技术升级。

基于此，提出如下研究假设。

假设9-3：我国高端装备制造业企业产业聚集与技术创新效率负向相关。

四、环境资源利用率

对生态环境造成破坏的原因，大多来自对资源的过度开发、粗放使用。必须从资源利用这个源头抓起，站在统筹推进"五位一体"总体布局的高度，正确处理保护与发展的关系，正确处理人与自然关系，全面提高资源利用效率。既要考虑资源利用与发展的关系，坚持节约优先，不断提高资源本身的节约集约利用水平，同时也要对企业的技术进行更新换代和创新。而对环境的利用率正是企业创新能力的一种体现。

在高端制造业中，环境资源利用率具有一定影响力，故本书选其作为环境资源的影响因素。环境资源利用率对高端装备制造业技术创新的影响主要体现在以下三个方面：首先，高端装备制造业的发展与创新离不开环境资源，环境资源产权对创新效率具有正向性，其正向性主要体现在环境资源使得高端装备制造业企业无偿或低偿获得了相应的资源，部分企业使用环境资源的成本降低，直接增加利润，促进企业积极扩大生产，有效提高创新效率；其次，环境资源由于具有共有的属性，使其他企业在一定程度上产生了产业聚集，多样化的企业竞争提高了高端装备制造业企业的竞争性，使高端装备制造业进行技术创新，具有一定正面影响；最后，由于一定时期环境资源容量是有限的，要实现环境资源的合理使用就要提高企业的技术创新，以充分利用该地区既有的生产能力，用最小的环境消耗达到最大的产值，带来经济的有效增长。

基于此，提出如下研究假设。

假设 9 - 4：我国高端装备制造业企业环境资源利用率与技术创新效率正向相关。

第二节　环境因素的评价指标与数据来源

对于数据的选取，本书采用以下指标：对于因变量技术性创新效率的衡量，本书选取技术创新效率指数表征；对于现有技术水平的衡量，借鉴郭凌军等（2022）的研究，选择其中一项污染内容作为衡量指标，即单位工业 GDP 工业废水排放量；对于产业聚集水平的衡量，本书借鉴曲晨瑶等（2017）的研究，选取规模以上企业数量/区域面积表征；对于环境治理的衡量，本书借鉴孙振清等（2020）的研究，采用环境治理投入费用进行表征；对于环境资源利用率，本书借鉴原毅军等（2019）的研究，采用区域研发机构数量表征，具体变量指标选取如表9-1所示。

表9-1   高端装备制造业环境因素指标选取

变量类型	变量名称	衡量指标	变量符号
因变量	技术创新效率	技术创新效率指数	CR
自变量	环境污染	单位工业 GDP 工业废水排放量	WWD
	产业集聚水平	规模以上企业数量/区域面积	UE
	环境治理	环境治理投入费用	EMI
	环境资源利用率	区域研发机构数量	RD

资料来源：笔者自制。

本书的数据来源于2008~2018年各省市统计年鉴、《中国科技统计年鉴》《中国环境统计年鉴》与《中国工业统计年鉴》。基于数据的可获得性，本书最终选取2011~2016年的数据进行分析。其中西藏数据严重缺失，不作为本书的分析对象。

第三节 环境因素的评价模型

基于第六章对 Tobit 模型的分析，对于高端装备制造技术创新效率技术因素的测度也采用 Tobit 回归模型进行分析。

基于对 Tobit 回归模型分析的基础上，结合高端装备制造业现有技术水平、技术引进能力、技术改造能力、技术消化吸收等技术因素，构建衡量高端装备制造业技术创新效率技术因素的面板回归模型，如式（9-1）所示。

$$CR_{it} = \alpha_0 + \alpha_1 WWD_{it} + \alpha_2 UE_{it} + \alpha_3 EMI_{it} + \alpha_4 RD_{it} + \varepsilon_{it} \quad (9-1)$$

其中，CR_{it}为因变量，代表 i 省份 t 时期技术创新效率综合值，α_0 为常数项，α_1，α_2，α_3，α_4 为各自变量的系数，WWD_{it}代表 i 省份 t 时期的环境污染，UE_{it}代表 i 省份 t 时期产业聚集水平，EMI_{it}代表 i 省份 t 时期环境治理投

入费用，RD_{it} 代表 i 省份 t 时期环境资源利用率，α_0 为常数项，ε_{it} 为随机干扰项。

第四节　环境因素影响的定量评价与分析

在使用 Tobit 模型进行回归分析之前，需要对环境因素中的非比例变量取对数处理，为了使数据保持平稳性，基于前文所述的理论模型的基础上，运用 Stata16 对高端装备制造业企业环境影响因素进行测量，以前文得到的高端装备制造业技术创新综合效率值为因变量，以现有环境污染、产业聚集水平、环境治理投入费用和环境资源利用率为自变量进行回归分析，结果如表 9-2 所示。

表 9-2　　中国高端装备制造业技术创新人力因素 **Tobit** 回归分析结果

影响因素	系数	标准误差	Z 统计量	P 值
α_0	0.5632989 **	0.038681	1.21	0.225
环境污染	0.0447185 ***	0.0183685	4.85	0
产业集聚水平	0.0891479	0.0190533	-0.3	0.762
环境治理	-0.0057623 **	0.0386033	-1.98	0.047
环境资源利用率	-0.0766254	0.3780648	0.07	0.942
观测值	240	—	—	—

注：** 、*** 分别表示在 5% 、1% 的水平下显著。
资料来源：Stata 软件统计输出。

结果显示，环境污染与中国高端装备制造业技术创新效率估计系数为 0.0447185，在 1% 的水平下通过显著性检验，表明人口聚集程度与中国高端装备制造业技术创新效率正相关，不支持原文假设，表明环境污染对中国高端装备制造业技术创新效率影响显著并具有促进影响，说明现今高端装备制造业的绿色创新技术不足但创新能力已有显著提升，企业应当对现有创新技术进行适当改造以减少环境污染。

产业聚集水平与中国高端装备制造业技术创新效率回归分析中的显著性没有通过检验，表明现有知识型人力资源对中国高端装备制造业技术创新效率影响较弱，虽通过原文假设且产业聚集水平虽能够加强高端装备制造业的技术创新，但对技术创新能力效率的提高没有显著效果。

环境治理与中国高端装备制造业技术创新效率估计系数为 −0.0766254，在5%的水平下通过显著性检验，表明环境治理与中国高端装备制造业技术创新效率负相关，支持了原文假设，说明企业的创新会在一定程度上减少环境治理投入费用，企业应该寻找绿色生产方式，进而实现技术创新效率的提高。

环境资源利用率与中国高端装备制造业技术创新效率没有通过显著性检验，说明当今企业对环境资源的利用存在较大不足，应当寻找提高环境利用的生产方法来实现技术创新效率的提高。

第四篇　技术创新保障策略篇

第十章

产业技术创新效率提升策略

第一节　技术创新资源投入策略

在财力投入方面，无论是在装备制造业创新活动的技术研发环节还是在成果转化的过程中，研发经费均起着不可替代的作用，尤其是在成果转化过程中的研发经费更是呈现出一定的规模效应，有明显的资本驱动型特征，说明企业的创新活动要继续加大资本的投入力度，为技术研发和成果转化的创新活动提供足够的资金支持。因此，要根据企业的发展水平，适当增加创新活动的经费投入力度。企业要坚持以自主创新为主、技术引进为辅的原则，加大经费投入的重点在于自主研发环节和对引进的技术进行消化吸收和再创新方面，促进基础研究和相关应用研究的发展，将科研技术转化为生产力，实现商业价值的能力。此外，企业还需建立合理的经费管理机制，使经费投入能够合理有效地运用到创新活动中，避免经费的冗余与浪费。

在政府投入方面，由前文可知，政府资金支持力度越大，越容易滋生企业"等靠要"的低效率行为，抑制技术创新效率。因此，政府要加大高端装备制造业技术创新投入，积极拓宽融资渠道，满足企业创新资金需求，促进行业技术创新经费来源多元化发展。同时改变政府对高端装备制造业创新的支持模式，变直接资金支持为间接政策支持，给予产业创新政策、财政、税务支持，积极引导企业成为产业技术创新主体，增强企业技术创新的主动性，形成良性循环，促进行业快速发展。

在人力投入方面，人才是技术创新活动的核心，人力资本素质是决定技术创新活动成败的重要因素。因此要营造一个优质的人才环境，加大对科技开发人才和行业人员素质培养力度，发挥人才优势。我国高校和科研院所数量多，人才资源丰富，可以通过扩招、增设相关专业等措施提高行业人才数量；通过精进教学方案，优化师资力量等措施提高行业人才质量，为高端装备制造业输送大量优质人才。还可以建立具有竞争力的薪资体系，吸引人才投入高端装备制造业，同时面向国外招收人才，加强人才之间的交流，提升行业人才素质。

在物力投入方面，高端装备制造业企业需要进行技术研发所需的基础设施的建设和实验室的建设。对于规模较大的高技术企业，可以单独建设这些科研设施，对于规模较小的高技术企业，可以租用或联合域内同类型企业共同建设共同使用，也可以借助高校和科研机构，将企业需要解决的技术创新项目交由高校和科研机构完成。

第二节　技术创新资源配置策略

我国高端装备制造业的创新发展不能仅依赖资源投入的绝对增加，更需要重视技术创新资源的合理配置，建立和完善国家创新资源配置的体系。

政府用政策手段使创新资源在制造业中进行更好地分配，营造良好的技术创新市场环境，从宏观层面提升制造业的技术创新效率。从技术创新效率的宏观层面，通过政府的政策引导和鼓励，建立和完善国家资源配置创新体系，优化创新资源配置，创造市场技术创新的良好环境。首先，国家应更多引入市场机制，发挥市场对创新资源配置的决定作用，使创新资源的配置更有效率，而不是机械地流向某些行业；其次，国家可以营造良好的市场创新环境，并为加速创新创造条件，比如促进高校和企业联合研发产学研模式的推进，完善科技服务的中介机构，加速高校研发技术与企业转化成果的合作，有效提高整体的技术创新效率和创新投入资源的利用率；最后，政府还可以提供对症下药的政策扶持，比如为资金密集型行业提供更便利的融资政策，加快融资工具的创新，拓宽融资渠道，解决这类行业资金紧张的问题。

政府要根据市场需求变化的具体情况，积极引导创新资源向优势产业投放，进一步发展壮大优势产业；同时对技术创新能力弱势行业进行政策、资金倾斜，补足行业发展短板，杜绝过度投资现象，避免创新资源浪费。总之，我国高端装备制造业技术创新发展离不开政府大力支持，同时要兼顾各行业平衡发展，合理分配创新资源。

第十一章

产业技术创新保障策略

第一节　经济保障策略

高端装备制造业的经济水平具体包括所在区域的经济发展水平、产业总产值、政府资金支持以及研发机构支持等多方面。所在区域经济发展水平较依赖地方政府的治理水平，产业总产值较依赖市场利润的获得，政府资金支持较依赖政府的引导和资源支配能力，研发机构支持则需要政府方面的牵头引导。由此可见，高端装备制造业技术创新的经济保障策略同政府的引导、支持以及牵头等有着较强的关联性，高端装备制造业技术创新的经济保障方面，应重点从政府角度入手，主要从以下两方面进行。

一是地方政府主导，构建多方参与的工作格局。在开展高端装备制造业技术创新的大背景下，尽可能地实现多主体协同发力，形成以政府部门为主导、多种推手角色深度参与的工作格局，以获取优势互补、互促互进的理想效果。政府应从宏观角度入手，对相关行业、市场进行调控治理，从根本上保证产业技术创新的经济环境是合理的。高治理水平下的地方政府能够为高端装备制造业提供更多的财政拨款、专项补贴等经济支持。当政府还有一定的经济余力，公益性的技术创新普及活动更是多多益善，如举办专题讲座、建立技术示范基地等，也可更快地出台有利于产业技术创新的配套政策，如对于开展技术创新的高端装备制造业企业推行减税政策、补贴政策等。

二是中央政府政策倾斜，为高端装备制造业密集的区域经济"供血"。在中央政府的大力支持下，产业所在区域要继续保持大力发展当地经济建设的态势，使当地的产业技术创新能力有明显变化。另外，当地政府不能一直依赖中央的战略支持，要逐渐从"供血"机制脱离出来，并转变为"造血"机制，使区域经济具有足够的可持续发展能力，只有这样才能更好地为当地高端装备制造业提供经济支持。同时，在区域经济态势大好的影响下，当地大概率能够吸引越来越多的高技能人员，为当地的高端装备制造业技术创新注入活跃力量，实现产业技术创新和区域经济的社会效益、经济效益、生产效益的有机统一。

第二节　人力资源保障策略

高端装备制造业的核心在于创新，创新能为整个企业带来全新的发展方向。在影响高端装备制造业企业创新能力的诸多因素中，人才资源与企业技术创新能力密切相关，进而对创新绩效产生积极作用。当下企业原有产品受到的竞争越来越激烈，原有产品已经不能满足企业发展的需求，而创造新的产品需要人员的开发，那么人力资源的投入便在企业技术创新中有着举足轻重的地位。人才是驱动技术创新能力发展所必备因素。由此可见，高端装备制造业的技术创新绩效与人力资源的数量、质量等均有一定的联系，制订高端装备制造业技术创新保障策略可以从人力资源角度入手，从以下三方面进行。

一是完善创新型人才培养的相关举措。人是推动产业技术创新的最直接动力。首先建立一套完善的创新型人才培养体系，确保创新型人力资源的数量、质量，进一步加强作为制造业基础的实践和体验式教育活动，并促进信息化、智能化和数字化创新等领域的扫盲教育，在数字经济背景下，加强培养数字化力量，构筑产业未来数字化创新的基础。

二是加强对知识人才和知识的重视。高端装备制造业属于知识密集型产业，人才也是知识的重要载体，因此要加强对产业技术创新人才和知识的重视程度。一方面，建立一套完整的人才和知识管理体系，将不同类型、特征的知识和人才进行归类，方便日后使用，实现对知识人才的重视。另一方面，发扬倡导知识共享、知识协作的文化，增加知识在人员之间的流动。通过人们的交流沟通，发现和分享彼此掌握的隐性知识，发掘和研究更深层的知识，通过群体思维激发产生新的知识，更利于产业技术创新。

三是制定科学的选人、用人、激励机制。培养大量的创新型人才后，还需建立合理的人才激励机制。建立起优胜劣汰的考核机制，加大对创新型人才的考核力度，根据研发成果、市场贡献进行奖励，在企业内推行技术带头人评选制度和功勋专家评选制度，对入选人员按月给予津贴补助。全面提升绩效管理水平，设立岗位绩效工资与效益挂钩的系数工资制，根据难易程度、是否填补国内外空白等进行考核，并积极建立中长期激励机制。

第三节　技术保障策略

影响高端装备制造业技术创新的技术因素包括现有技术水平、技术引进能力、技术改造能力以及技术消化吸收能力等方面。现有技术水平可以说是高端装备制造业实现技术创新和高质量发展的基本盘，技术引进是产业技术创新的低成本策略，技术改造是产业技术创新的本土化策略，技术消化吸收则是产业技术创新的再创新策略。结合高端装备制造业的行业发展现状和创新实践，高端装备制造业技术创新保障策略主要包括以下三个方面。

一是完善技术创新相关制度。任何工作的开展都离不开健全制度的支撑，技术创新发展亦是如此。另外，制度建设必须具备实用性、可操作性特点。通过明确技术创新目标，划分技术人员具体职责，保障技术人员在技术创新过程中了解自身义务和职责，做到各司其职。相关部门需要出台多种形式的鼓励制度，引导高校、企业以及研发机构参与到技术创新改革中，在此基础上还要提高自主知识产权保护意识，为技术发展提供保障。

二是拓展技术创新手段的边界。相关主体应在产业技术创新实践中积极拓展技术创新手段的边界，实现与多种技术、资源的深度融合。例如，可将产业技术创新与信息技术结合起来，借助大数据、云计算等计算机软件工具，实现产业技术创新手段的进一步拓展。

三是建立技术创新的监督反馈机制。产业可以通过加强服务大数据及云平台建设，把创新与互联网结合，对创新过程的各要素状态进行集中管理，及时解决创新过程中出现的问题和偏差，提升创新绩效。

第四节　环境保障策略

当今政府与社会对超标污染排放的企业实行各种各样的环境规划制度，导致许多制造企业迫于污染压力而不得不减少生产，或拿出大部分资金处理污染问题，或者寻找新的生产方式。然而，由于技术的有偏性，传统的技术创新已经不能提供有效的解决方案，更难以达到企业的技术要求。在追求生态与经济同步发展的前提下，迫切需要新的技术创新。针对上述问题，提出高端装备制造业相应的技术创新环境保障策略，主要从环境治理和环境资源利用两个方面进行。

一是建立完善的环境治理体系。环境治理与技术创新是相互促进的关系，环境治理所产生的费用能诱发高端装备制造业的创新活动，反之，技术创新能推动环境治理、驱动产业转型升级以及产业绿色发展。首先，加强环境法治建设。新时代环境社会治理体系的构建离不开环境立法、司法、执法的保障。其次，重视环境行政执法稳定性，明确执法事项的工作程序、履职要求、办理时限、行为规范等，消除行政执法中的模糊条款，压减自由裁量权。最后，推动环境司法走专业化、专门化路线，持续推动环境司法公正。

二是提高环境资源利用率，减少资源浪费。高端装备制造业的发展与创新离不开环境资源，但环境资源总量是有限的，未来产业的创新与发展必然走向绿色、低耗。一方面，引入高科技手段，不断提升环境污染治理水平和能力，通过建立信息化的环境资源管理系统提高环境资源的利用率，实现环境资源的二次利用，减少因资源匮乏而对环境产生的负荷。另一方面，增加对环境治理的资金投入，提高资源利用率，实现环境治理是一项非常紧迫的工作，缺乏强有力的资金支撑可能导致系统创新工作无法有效落实，落后于环境资源和污染现状。通过对资金的规划使用，积极将新技术、新工艺、新设备应用在环境治理和资源利用工作中，提高资源转化利用效率，为环境资源可持续利用和产业创新发展助力。

结　　论

　　本书主要的研究工作是以我国高端装备制造业为研究对象，对各指标进行测算，了解我国高端装备制造业技术创新效率现状，在此基础上分析人力资源、经济因素、技术因素以及环境因素对技术创新效率的影响。首先对相关文献进行梳理，明确高端装备制造业及技术创新效率的定义，随后对高端装备制造业的发展现状，即从细分行业与区域视角对中国高端装备制造业进行分析，构建理论研究的基础，分析人力资源、经济因素、技术因素以及环境因素如何对技术创新效率产生影响。测算高端装备制造业技术创新效率的前提是技术创新活动的投入与产出，因此对我国高端装备制造的投入产出现状进行了描述性分析统计，确定各区域的技术创新效率，并在此基础上运用回归–分析模型测算各区域的综合效率值、纯技术效率值和规模效率值。实证检验部分将算出的综合效率作为被解释变量，将人力资源、经济因素、技术因素以及环境因素作为核心解释变量，运用 Tobit 模型进行回归分析。

　　本书主要研究结论如下。

　　（1）高端装备制造业整体发展态势良好，通过对技术创新活动投入产出的统计情况分析发现，对技术创新活动投入的劳动和资本都是逐年增加的，增长率基本为正，增加趋势为小幅度上升，同时产出也呈上升态势。整体发展情况良好，仍然有较大上升空间。

　　（2）通过测算我国高端装备制造业的技术创新效率可以发现，我国整体高端装备制造业技术创新存在无效率的情况，即存在投入冗余问题，资源没有被充分利用，技术创新效率有待提升。从各区域 2008～2018 年的平均效率值来看，综合效率、纯技术效率和规模效率出现了不同程度的变化，其中纯技术效率值变化幅度最小，规模效率及综合效率值变化幅度较大，出现了较大程度的增长，但仍然是无效率的状态，技术创新效率有待加强。通过对分行业的测算结果分析发现，中国高端装备制造业各子行业的三种效率均在行业整体效率附近波动，其中交通运输设备制造业、电气装备及器材制造业和电子及通信设备制造业的效率均稳定在 0.9 以上，技术创新效率较高。同时对我国四大区域的创新效率进行分析可以发现，各省份的高端装备制造业技术创新效率基本处于上升态势，高端装备制造业技术创新水平较高的地区为东部地区，其三种效率均稳定在 0.9 以上并且规模效率值最高，而其他三个区域均只有某一项效率均值在 0.9 以上。

（3）在测算技术创新效率的基础上，对技术创新效率的影响因素进行实证检验。由于效率值都集中在 0 ~ 1，属于受限变量，运用 OLS 回归结果可能产生偏误，因此本书采用 Tobit 回归模型。本书将人力资源、经济因素、技术因素以及环境因素的子变量作为影响技术创新效率的自变量。运用 Tobit 模型回归后发现，在经济因素方面，产业总产值与政府资金支持对综合效率有显著的影响，其中产业总产值与中国高端装备制造业技术创新效率综合值呈显著正相关，而政府资金支持呈负相关，合理推测政府以资金形式扶持企业时会带来一定程度的负面影响，可能是资金介入带来企业"等靠要"的低效率行为，没有发挥好政府支持对技术效率及规模效率的积极作用，导致创新效率的降低；在人力因素方面，发现人口聚集程度与对综合效率有显著的影响，并且人口聚集程度与中国高端装备制造业技术创新效率正相关，说明人口聚集有利于提高技术创新效率；在技术因素方面，技术引进能力和现有技术水平对综合效率有显著影响，说明技术引进能力越高，现有技术水平越高，对技术创新效率的提高越有帮助；在环境因素方面，环境污染对综合效率有显著影响并呈正相关，虽然技术的创新难以减少污染，但未来技术发展的大方向终究是以绿色技术为主，同时环境治理对技术创新呈负相关性，说明环境污染带来的影响对技术创新效率仍是负相关，即环境治理的费用越高，越不利于技术创新效率的提高。

参 考 文 献

[1] 毕茜，于连超.环境税与企业技术创新：促进还是抑制？[J].科研管理，2019，40（12）.

[2] 陈爱贞.下游技术标准受控对装备制造业技术创新的捆绑约束——基于中国通信设备制造业分析 [J].经济管理，2012，34（4）.

[3] 曹聪，李宁，孙玉涛.中国中长期科技规划与技术创新战略（2006 - 2012）[J].科学学研究，2018，36（12）.

[4] 程承坪，陈志.非国有资本能否促进国有企业技术创新研究 [J].中国软科学，2021（2）.

[5] 陈建丽，孟令杰，姜彩楼.两阶段视角下高技术产业技术创新效率研究——基于网络 SBM 模型和 DEA 窗口分析 [J].科技管理研究，2014，34（11）.

[6] 陈凯华，官建成，寇明婷.中国高技术产业"高产出、低效益"的症结与对策研究———基于技术创新效率角度的探索 [J].管理评论，2012，24（4）.

[7] 陈丽姗，傅元海.融资约束条件下技术创新影响企业高质量发展的动态特征 [J].中国软科学，2019（12）.

[8] 陈强远，林思彤，张醒.中国技术创新激励政策：激励了数量还是质量 [J].中国工业经济，2020（4）.

[9] 池仁勇，唐根年.基于投入与绩效评价的区域技术创新效率研究 [J].科研管理，2004，25（4）.

[10] 程文，张建华.收入水平、收入差距与技术创新——兼论"中等收入陷阱"的形成与跨越 [J].经济研究，2018，53（4）.

[11] 陈艺灵，陈关聚.高新技术企业认定对技术生态位的动态政策效应研究——来自高端装备制造业 A 股上市公司的经验证据 [J].科技进步与对

— 181 —

策，2021，38（5）.

[12] 蔡渊渊，綦良群，张毅，等. 自主技术创新还是技术引进：范式选择与资源优化配置 [J]. 中国科技论坛，2021（8）.

[13] 程仲鸣，虞涛，潘晶晶，等. 地方官员晋升激励、政绩考核制度和企业技术创新 [J]. 南开管理评论，2020，23（6）.

[14] 段婕，刘勇，王艳红. 基于 DEA 改进模型的装备制造业技术创新效率实证研究 [J]. 科技进步与对策，2012，29（6）.

[15] 段军山，庄旭东. 金融投资行为与企业技术创新——动机分析与经验证据 [J]. 中国工业经济，2021（1）.

[16] 戴克清，陈万明. 共享式服务创新的逻辑、形式与价值——制造业服务化转型视角 [J]. 软科学，2020，34（9）.

[17] 丁莹莹，李拓晨，王锐. 电子信息制造业军民融合技术创新效率及其影响因素——基于两阶段 DEA-Malmquist 指数法 [J]. 系统工程，2020，38（2）.

[18] 范德成，杜明月. 高端装备制造业技术创新资源配置效率及影响因素研究——基于两阶段 StoNED 和 Tobit 模型的实证分析 [J]. 中国管理科学，2018，26（1）.

[19] 范德成，谷晓梅. 高技术产业技术创新效率关键影响因素分析——基于 DEA-Malmquist 和 BMA 方法的实证研究 [J]. 科研管理，2022，43（1）.

[20] 冯根福，郑明波，温军，等. 究竟哪些因素决定了中国企业的技术创新——基于九大中文经济学权威期刊和 A 股上市公司数据的再实证 [J]. 中国工业经济，2021（1）.

[21] 丰若旸，温军. 风险投资与我国小微企业的技术创新 [J]. 研究与发展管理，2020，32（6）.

[22] 冯缨，滕家佳. 江苏省高技术产业技术创新效率评价 [J]. 科学学与科学技术管理，2010，31（8）.

[23] 高传贵，张莹. 企业技术创新路径、模式与实现机制研究 [J]. 山东社会科学，2018（4）.

[24] 郭凌军，刘嫣然，刘光富. 环境规制、绿色创新与环境污染关系实证研究 [J]. 管理学报，2022，19（6）.

[25] 胡国柳，赵阳，胡珺. D&O 保险、风险容忍与企业技术创新 [J]. 管理世界，2019，35（8）.

[26] 黄鲁成，张二涛，杨早立．基于 MDM-SIM 模型的高端制造业创新指数构建与测度 [J]．中国软科学，2016（12）．

[27] 黄天航，赵小渝，陈凯华．技术创新、环境污染和规制政策——转型创新政策的视角 [J]．科学学与科学技术管理，2020，41（1）．

[28] 黄苹，蔡火娣．跨国并购对企业技术创新质变的影响研究——基于技术互补性调节分析 [J]．科研管理，2020，41（6）．

[29] 黄群慧，李晓华．中国工业发展"十二五"评估及"十三五"战略 [J]．中国工业经济，2015（9）．

[30] 黄嵩，倪宣明，张俊超，等．政府引导基金能促进技术创新吗？——基于我国科技型初创企业的实证研究 [J]．管理评论，2020，32（3）．

[31] 何伟怡，张梦桃，张敏．先进建造转型中被动合作创新意愿的产生机制 [J]．工业工程与管理，2019，24（4）．

[32] 黄新建，尤珊珊．股权激励契约、技术创新与创新效率 [J]．科研管理，2020，41（3）．

[33] 何郁冰，韩秋敏，曾益．技术创新对于中国制造业国际竞争力的影响 [J]．科研管理，2019，40（7）．

[34] 吉海涛．辽宁高端装备制造业协同创新发展研究 [J]．长春工业大学学报（社会科学版），2014，26（5）．

[35] 贾旭东，何光远，陈佳莉，等．基于"扎根精神"的管理创新与国际化路径研究 [J]．管理学报，2018，15（1）．

[36] 李柏洲，王雪，苏屹，罗小芳．我国战略性新兴产业研发-转化两阶段创新效率 [J]．系统工程，2019，37（4）．

[37] 罗公利，高冠军．我国石化企业技术创新路径优化影响因素研究 [J]．科技进步与对策，2010，27（4）．

[38] 刘海兵，杨磊，许庆瑞．后发企业技术创新能力路径如何演化？——基于华为公司 1987－2018 年的纵向案例研究 [J]．科学学研究，2020，38（6）．

[39] 李宏宽，何海燕，单捷飞，等．剔除非管理性因素影响的我国集成电路产业技术创新效率研究：基于广义三阶段 DEA 和 Tobit 模型 [J]．管理工程学报，2020，34（2）．

[40] 陆菁，鄢云，王韬璇．绿色信贷政策的微观效应研究——基于技术创新与资源再配置的视角 [J]．中国工业经济，2021（1）．

［41］李金生，卞曰瑭，李晏墅．基于知识创造的高技术企业技术创新投资模型研究［J］．管理工程学报，2018，32（3）．

［42］刘兰剑，张田，牟兰紫薇．高端装备制造业创新政策评估实证研究［J］．科研管理，2020，41（1）．

［43］李明惠．生命周期视域下大企业集群技术创新模式选择［J］．科技进步与对策，2018，35（8）．

［44］李梦雅，严太华．风险投资、技术创新与企业绩效：影响机制及其实证检验［J］．科研管理，2020，41（7）．

［45］刘润芳，杨建飞．陕西省区域技术创新能力影响因素分析［J］．统计与信息论坛，2010，25（11）．

［46］李士梅，李安．中国高端装备制造业创新效率的测度分析［J］．社会科学战线，2018（6）．

［47］乐思诗．区域高端装备制造产业技术创新效率评价研究——以宁波市为例［J］．宁波经济（三江论坛），2020（7）．

［48］吕铁，江鸿．从逆向工程到正向设计：中国高铁对装备制造业技术追赶与自主创新的启示［J］．经济管理，2017，39（10）．

［49］李涛，李斌．校企协同对技术创新效率的影响机制研究：基于动力学演化视角的佐证［J］．科研管理，2020，41（9）．

［50］李勇．利润约束、所有制结构和技术创新［J］．南开经济研究，2018（3）．

［51］吕一博，韩少杰，苏敬勤．翻越由技术引进到技术创新的樊篱——基于中车集团大机车的案例研究［J］．中国工业经济，2017（8）．

［52］林迎星，廖菊珠．基于创新驱动的福建省高端装备制造业发展研究［J］．福建论坛（人文社会科学版），2019（7）．

［53］刘业鑫，吴伟伟，于渤．技术管理能力对突破性技术创新行为的影响［J］．科学学研究，2020，38（5）．

［54］刘振，刘博．股权集中度、管理者薪酬组合与技术创新投资［J］．科研管理，2018，39（12）．

［55］李作志，苏敬勤，刘小燕．中国高技术产业技术创新效率研究［J］．科研管理，2019，40（12）．

［56］孟浩，张美莎．环境污染、技术创新强度与产业结构转型升级［J］．当代经济科学，2021，43（4）．

［57］梅洪常，马华骏.重庆市高端装备制造业技术创新效率评价研究
［J］.科技管理研究，2019，39（10）.

［58］马宗国.中小企业研究联合体技术创新能力提升路径研究［J］.科
研管理，2019，40（3）.

［59］牛冲槐，杜弼云，牛彤.科技型人才聚集对智力资本积累与技术创
新影响的实证分析［J］.科技进步与对策，2015，32（10）.

［60］乔翠霞，杨晨曦.制造业技术创新策略：技术水平与技术来源选择
［J］.科技进步与对策，2022，39（6）.

［61］曲晨瑶，李廉水，程中华.高技术产业聚集对技术创新效率的影响
及区域差异［J］.科技管理研究，2017，37（11）.

［62］齐兰，王姗.中国高端装备制造业产品内分工程度与地位［J］.吉
林大学社会科学学报，2018，58（6）.

［63］綦良群，蔡渊渊，王成东.全球价值链的价值位势、嵌入强度与中
国装备制造业研发效率——基于 SFA 和研发两阶段视角的实证研究［J］.研究
与发展管理，2017，29（6）.

［64］曲如晓，臧睿.技术创新、外国技术溢出与制造业出口产品质量升
级［J］.中国软科学，2019（5）.

［65］戚湧，宋含城.技术并购企业创新绩效影响因素研究——以中国高
端装备制造业为例［J］.科技进步与对策，2021，38（19）.

［66］沈鹤，余传鹏，张振刚.科技型小微企业管理创新引进机理研究——
基于获得式学习视角［J］.科学学研究，2018，36（5）.

［67］宋皓皓，王英.中国东部省份高端装备制造业发展水平动态综合评
价［J］.统计与决策，2021，37（7）.

［68］孙红军，张路娜，王胜光.科技人才集聚、空间溢出与区域技术创
新——基于空间杜宾模型的偏微分方法［J］.科学学与科学技术管理，2019，
40（12）.

［69］苏敬勤，刘畅.政治嵌入度与技术创新绩效的悖论关系分析［J］.
科学学研究，2019，37（2）.

［70］邵云飞，党雁.基于 DEA-Malmquist 方法的中国航天航空制造业区
域技术创新效率研究［J］.科技和产业，2017，17（6）.

［71］邵云飞，谭劲松.区域技术创新能力形成机理探析［J］.管理科学
学报，2006（4）.

［72］宋跃刚，张欣．中国高技术产业创新效率测度［J］．统计与决策，2022，38（10）．

［73］孙振清，李欢欢，刘保留．空间外溢视角下的区域碳减排与环境协同治理——基于京津冀部分地区面板数据分析［J］．调研世界，2020（12）．

［74］陶锋，赵锦瑜，周浩．环境规制实现了绿色技术创新的"增量提质"吗——来自环保目标责任制的证据［J］．中国工业经济，2021（2）．

［75］田庆锋，杨清，刘辉．IJVs非正式控制、知识转移与技术创新能力研究［J］．科研管理，2020，41（1）．

［76］唐松，伍旭川，祝佳．数字金融与企业技术创新——结构特征、机制识别与金融监管下的效应差异［J］．管理世界，2020，36（5）．

［77］唐铁球．中国高端装备制造产业分布特征与发展趋势［J］．求索，2015（12）．

［78］唐孝文，孙悦，唐晓彬．中国高端装备制造业技术创新能力评价研究［J］．科研管理，2021，42（9）．

［79］王成东．区域产业融合与产业研发效率提升——基于SFA和中国30省市的实证研究［J］．中国软科学，2017（10）．

［80］王成东，蔡渊渊．全球价值链下产业研发三阶段效率研究：以中国装备制造业为例［J］．中国软科学，2020（3）．

［81］王成东，李安琦，蔡渊渊．产业融合与产业全球价值链位势攀升——基于中国高端装备制造业与生产性服务业融合的实证研究［J］．软科学，2022，36（5）．

［82］王成东，李光斌，蔡渊渊．中国高端装备制造业自主技术创新效率稳定性及影响因素研究［J］．科技进步与对策，2021，38（22）．

［83］王成东，綦良群．中国装备制造业与生产性服务业融合研究［J］．学术交流，2015（3）．

［84］王成东，綦良群，蔡渊渊．研发效率导向下的产业研发投入结构［J］．中国科技论坛，2015（4）．

［85］王成东，綦良群，蔡渊渊．装备制造业与生产性服务业融合影响因素研究［J］．工业技术经济，2015，34（2）．

［86］王成东，朱显宇，蔡渊渊，等．GVC嵌入、产业R&D效率与提升策略研究［J］．科学学研究，2020，38（9）．

［87］吴旭晓．河南省承接国际产业转移效率及影响因素［J］．平顶山学

院学报，2015，30（2）.

[88] 王昱，陈钰清，郎香香，等."金融结构—技术创新能力"匹配度与企业出口产品质量提升[J].大连理工大学学报（社会科学版），2021，42（6）.

[89] 徐佳，崔静波.低碳城市和企业绿色技术创新[J].中国工业经济，2020（12）.

[90] 徐建中，曲小瑜.装备制造业环境技术创新效率及其控制变量研究——基于 DEA-Malmquist 和 Tobit 的实证分析[J].运筹与管理，2015，24（1）.

[91] 许婷，杨建君，孙庆刚，等.信任程度、大股东参与度与技术创新关系研究[J].科研管理，2017，38（9）.

[92] 谢雪燕，朱晓阳.人口老龄化、技术创新与经济增长[J].中国软科学，2020（6）.

[93] 夏友富，何宁.推动我国装备制造业迈向全球价值链中高端的机制、路径与对策[J].经济纵横，2018（4）.

[94] 肖振红，范君荻，李炎.产学研协同发展、知识积累与技术创新效率——基于动态面板门限机理实证分析[J].系统管理学报，2021，30（1）.

[95] 杨水利，杨祎.技术创新模式对全球价值链分工地位的影响[J].科研管理，2019，40（12）.

[96] 虞晓芬，李正卫，池仁勇，等.我国区域技术创新效率：现状与原因[J].科学学研究，2005，23（2）.

[97] 杨祎，杨水利.技术创新模式对国际竞争优势的影响研究[J].预测，2020，39（3）.

[98] 杨砚峰，李宇.技术创新的企业规模效应与规模结构研究——以辽宁装备制造业为例[J].中国软科学，2009（2）.

[99] 原毅军，陈喆.环境规制、绿色技术创新与中国制造业转型升级[J].科学学研究，2019，37（10）.

[100] 原毅军，戴宁.基于绿色技术创新的中国制造业升级发展路径[J].科技与管理，2017（1）.

[101] 叶一娇，何燕珍，朱宏，等.柔性人力资源管理对组织技术创新的影响及作用机制研究[J].南开管理评论，2020，23（2）.

[102] 阳镇，凌鸿程，陈劲.经济政策不确定性、企业社会责任与企业

技术创新［J］．科学学研究，2021，39（3）．

　　［103］杨朝均，刘冰，毕克新．FDI技术溢出对工业企业绿色创新路径演化的影响研究——基于演化博弈模型［J］．管理评论，2020，32（12）．

　　［104］朱爱辉，陈富民．基于DEA模型的湖南装备制造业技术创新效率研究［J］．科技与管理，2015，17（1）．

　　［105］朱承亮，刘瑞明，王宏伟．专利密集型产业绿色创新绩效评估及提升路径［J］．数量经济技术经济研究，2018（4）．

　　［106］赵丹，孙冰，易英欣．基于DEA-Malmquist方法的装备制造业技术创新能力评价［J］．河海大学学报（哲学社会科学版），2018，20（2）．

　　［107］张国兴，冯祎琛，王爱玲．不同类型环境规制对工业企业技术创新的异质性作用研究［J］．管理评论，2021，33（1）．

　　［108］张建清，刘诺，范斐．无形技术外溢与区域技术创新——以桂林市为例的实证分析［J］．科研管理，2019，40（1）．

　　［109］周杰琦，夏南新，梁文光．外资进入、技术创新与雾霾污染——来自中国的证据［J］．研究与发展管理，2019，31（2）．

　　［110］张涛，刘宽斌，熊雪．中国国有和民营制造业企业生产效率对比研究［J］．数量经济技术经济研究，2018，35（6）．

　　［111］张曦，郭淑芬．中国工业技术创新效率空间关联及其影响因素［J］．科学学研究，2020，38（3）．

　　［112］张玉明，邢超，张瑜．媒体关注对重污染企业绿色技术创新的影响研究［J］．管理学报，2021，18（4）．

　　［113］张永旺，宋林，祁全．逆全球化背景下技术引进向技术创新转变的理论逻辑与现实路径［J］．科学管理研究，2019，37（2）．

　　［114］周正，门博阳，汪波．东北地区国有高端装备制造企业股权优化——基于混合寡头模型的分析［J］．哈尔滨商业大学学报（社会科学版），2021（6）．

　　［115］郑智昊．中国高端装备制造业国际竞争力分析——基于CMS模型［J］．现代商贸工业，2019（19）．

　　［116］赵子健，傅佳屏．中国装备制造业的区域差异、影响因素与高端化战略［J］．系统管理学报，2020，29（1）．

　　［117］诸竹君，黄先海，余骁．进口中间品质量、技术创新与企业出口国内增加值率［J］．中国工业经济，2018（8）．

［118］郗佳禹. 超竞争环境下高端装备制造企业技术创新效率评价研究［D］. 哈尔滨: 哈尔滨工程大学, 2020.

［119］余曦. 高端装备制造企业技术创新效率及其与成长性关系研究［D］. 成都: 西南交通大学, 2020.

［120］Ahmad M, Raza M Y. Role of public-private partnerships investment in energy and technological innovations in driving climate change: Evidence from Brazil ［J］. Environmental Science and Pollution Research, 2020, 27 (24): 30638 – 30648.

［121］Ai Y H, PENG D Y. Innovation model of China's high-end equipment industry: Do social capital and dynamic capabilities matter for the COVID – 19 crisis? ［J］. Frontiers in Public Health, 2021 (9): 25 – 29.

［122］Anthony A S, Bajaj M. Indigenous innovation: Universalities and peculiarities ［J］. Adult Education Quarterly, 2016, 66 (4): 360 – 362.

［123］Appelbaum R P, Gebbie M A, Han X Y, et al. Will China's quest for indigenous innovation succeed? Some lessons from nanotechnology ［J］. Technology in Society, 2016, 46 (8): 149 – 163.

［124］Augustine D L. Management of technological innovation: High tech R&D in the GDR ［J］. Business History, 2020 (11).

［125］Caffaro F, Cremasco M M, Roccato M, et al. Drivers of farmers intention to adopt technological innovations in Italy: The role of information sources, perceived usefulness, and perceived ease of use ［J］. Journal of Rural Studies, 2020, 76 (5): 264 – 271.

［126］Caves D W, Christensen L R, Diewert W E. The economic theory of index numbers and the measurement of input and output, and productivity ［J］. Econometrica, 1982, 50 (6): 1938 – 1414.

［127］Chen S, Yan J D. Environment evaluation index system for environment ecological assessment and independent innovation ability of environmental bio industry cluster based on copula function ［J］. Journal of Environmental Protection and Ecology, 2018, 19 (3): 1037 – 1046.

［128］Chen X Y, Wang Y. Research on financing efficiency of China's strategic emerging industries based on super efficiency DEA and Tobit model ［J］. International Journal of Emerging Markets, 2022, 17 (2): 485 – 504.

［129］Chen Y L. Government intervention and firm innovation outputs: A heterogeneity of corporate governance of Chinese listed firms ［J］. Applied Economics Letters, 2021 (8).

［130］Dai X Y, Verreynne M L, Wang J H, et al. The behavioral additionality effects of a tax incentive program on firms' composition of R&D investment ［J］. R&D Management, 2020, 50 (4): 510 –521.

［131］D'Attoma I, Ieva M. Determinants of technological innovation success and failure: Does marketing innovation matter? ［J］. Industrial Marketing Management, 2020, 91 (11): 64 –81.

［132］Fare R, Grosskopf S, Norris M, et al. Productivity growth, technical progress and efficiency changes in industrialized countries ［J］. American Economic Review, 1994, 84 (1): 66 –83.

［133］Francis D, Ampong G O A, Diana O Y, et al. Technological innovation, organizational innovation and international performance of SMEs: The moderating role of domestic institutional environment ［J］. Technological Forecasting and Social Change, 2020 (12).

［134］Gao Y, Song Y. Research on the interactive relationship between information communication technology and manufacturing industry ［J］. Cluster Computing-the Journal of Networks Software Tools and Applications, 2019, 22 (3): S5719 –S5729.

［135］Genin A L, Tan J, Song J. State governance and technological innovation in emerging economies: State-owned enterprise restructuration and institutional logic dissonance in China's high-speed train sector ［J］. Journal of International Business Studies, 2021 (3): 621 –645.

［136］Guo Y, Zhang W T, Qin Q, et al. Intelligent manufacturing management system based on data mining in artificial intelligence energy-saving resources ［J］. Soft Computing, 2022 (1): 500 –571.

［137］Hashimoto A, Handa S. Measuring the innovation production process: A cross-region empirical study of China's high-tech innovation ［J］. Research Policy, 2008, 37 (4): 1829 –1836.

［138］Herrerias M J, Cuadros A, Luo D. Foreign versus indigenous innovation and energy intensity: Further research across Chinese regions ［J］. Applied Energy, 2016, 162 (1): 1374 - 1384.

[139] Holroyd C. Technological innovation and building a 'super smart' society: Japan's vision of society 5. 0 [J]. Journal of Asian Public Policy, 2020 (6): 1 - 14.

[140] Howell A. 'Dgenous' innovation with heterogeneous risk and new firm survival in a transitioning Chinese economy [J]. Research Policy, 2015, 44 (10): 1866 - 1876.

[141] Howell A. Picking 'winners' in China: Do subsidies matter for indigenous innovation and firm productivity? [J]. China Economic Review, 2017, 44 (7): 154 - 165.

[142] Howell A, Turok I. Industry relatedness, FDI liberalization and the indigenous innovation process in China [J]. Regional Studies, 2020, 54 (2): 229 - 243.

[143] Jiang M S, Branzei O, Xia J. DIY: How internationalization shifts the locus of indigenous innovation for Chinese firms [J]. Journal of World Business, 2016, 51 (5): 662 - 674.

[144] Kennedy M. The adverse effects of technological innovation under WTO subsidy rules [J]. World Trade Review, 2020, 19 (4): 511 - 530.

[145] Li Y, Sun H Y, HUANG J C, et al. Low-end lock-in of Chinese equipment manufacturing industry and the global value chain [J]. Sustainability, 2020, 12 (7): 2981 - 2981.

[146] Liu C, Jayakar K. Globalization, indigenous innovation and national strategy: Comparing China and India's wireless standardization [J]. Technology Analysis & Strategic Management, 2016, 28 (1): 76 - 95.

[147] Matthews J R. Understanding indigenous innovation in rural west Africa: Challenges to diffusion of innovations theory and current social innovation practice [J]. Journal of Human Development and Capabilities, 2017, 18 (2): 223 - 238.

[148] Milan E, Ulrich F, Faria L G D, et al. Exploring the impact of organisational, technological and relational contingencies on innovation speed in the light of open innovation [J]. Industry and Innovation, 2020, 27 (7): 804 - 836.

[149] Murshed M, Alam M S. An estimation of the macroeconomic determinants total, renewable and non-renewable energy demands in Bangladesh: The role

of technological innovations ［J］. Environmental Science and Pollution Research, 2021 （2）.

［150］ Nasierowski W, Arcelus F J. On the efficiency of national innovation systems ［J］. Socio-Economic Planning Sciences, 2003 （37）: 215 –234.

［151］ Nasierowski W, Arcelus F J. On the stability of countries' national technological systems ［M］. Berlin: Springer, 2000.

［152］ Nosheen M, Iqbal J, Abbasi M A. Do technological innovations promote green growth in the European Union? ［J］. Environmental Science and Pollution Research, 2021, 28 （17）: 21717 –21729.

［153］ Qi H, Marshall S J, Miao J J. Effect of government subsidization on Chinese industrial firm's technological innovation efficiency: A stochastic frontier analysis ［J］. Journal of Business Economics and Management, 2016, 17 （2）: 187 –200.

［154］ Rabb R A, Kotamraju P. The efficiency of the high-tech economy: Conventional development indexes versus a performance index ［J］. Journal of Regional Science, 2006, 46 （3）: 545 –562.

［155］ Silva D O L G, Juliana S L, Simona N O. A mechanism-based explanation for blocking mechanisms in technological innovation systems ［J］. Environmental Innovation and Societal Transitions, 2020 （12）, 37 （11）: 18 –34.

［156］ Usman M, Hammar N. Dynamic relationship between technological innovations, financial development, renewable energy, and ecological footprint: Fresh insights based on the STIRPAT model for Asia pacific economic cooperation countries ［J］. Environmental Science and Pollution Research, 2021, 28 （12）: 15519 –15536.

［157］ Wang C G, Liu T S, Wang J L. The influence of outward foreign direct investment on enterprise technological innovation ［J］. Mathematical Problems in Engineering, 2021 （3）.

［158］ Wang H, Sun J H. Performance analysis of solar photovoltaic enterprises' growth driven by technological innovation ［J］. Light & Engineering, 2017, 25 （3）: 30 –36.

［159］ Wang Q, Wang J X, Li H, et al. Research on financing efficiency and influencing factors of equipment manufacturing industry—regression model based on SFA panel data ［J］. Journal of Intelligent & Fuzzy Systems, 2021, 40

（4）：8117 – 8126.

［160］ Wahab S. Does technological innovation limit trade-adjusted carbon emissions？［J］. Environmental Science and Pollution Research，2021（2）：1 – 11.

［161］ Wang X Y，Jing S. The construction and path analysis of the school-enterprise cooperative innovation model under the background of the open independent innovation［J］. Intelligent Automation and Soft Computing，2020，26（4）：765 – 771.

［162］ Wang Y，Pan J F，Pei R M，et al. Assessing the technological innovation efficiency of China's high-tech industries with a two-stage network DEA approach［J］. Socio-Economic Planning Sciences，2020，71（3）：115 – 126.

［163］ Xu X F，Cui Y J，Jiang Y Z. Development of marine engineering equipment manufacturing industry：A forecasting study through online data［J］. Journal of Coastal Research，2020（106）：677 – 681.

［164］ Xu X W，Qi L Q，Cai Y Y. Evaluation research of innovation efficiency of the equipment manufacturing industry based on super efficiency DEA and Malmquist Index［J］. International Journal of Hybrid Information Technology，2015，8（4）：27 – 34.

［165］ Xu X W，Qi L Q，Sun J Y. Green technology innovation behavior of cable enterprises based on fuzzy analytic hierarchy process of internet of things［J］. Mobile Information Systems，2021（11）.

［166］ Xu X W，Wang X Y，Zhang R. The research on influence factors of the servitization of the equipment manufacturing industry under the Global Value Chain （GVC）perspective［J］. International Journal of Security and its Applications，2015，9（5）：289 – 296.

［167］ Xu Z Y，Feng X X，Xia J C. The promotion of deep integration of modern service industry and advanced manufacturing industry［J］. China Finance and Economic Review，2021，10（1）：86 – 101.